Mit Découvertes ins fünfte Jahr Französisch!

Französisch mit Methode!

*In den Bänden 1 bis 4 von Découvertes hast du viele Lerntipps und Strategien für das Arbeiten mit Texten kennen gelernt. Welche davon hast du bisher benutzt? Welche willst du in Zukunft einmal ausprobieren? Kreuze sie an!
Schreibe dann auf, mit welcher Strategie du bisher am besten zurecht gekommen bist.*

Arbeit mit Texten	Schon ausprobiert!	Werde ich noch ausprobieren!
Vor dem **Lesen** eines Textes versuchen, so viele Informationen wie möglich zum Inhalt (Bilder, Überschrift, etc.) herauszufinden.		
Sich beim ersten (überfliegenden) **Lesen** auf Grundaussagen und die Textsorte (fiktionaler Text, Zeitungsartikel, Werbetext, etc.) beschränken.		
Beim ersten **Lesen** auf Schlüsselwörter (z. B. im ersten Satz eines Abschnitts) achten, die das Thema eines Abschnitts angeben.		
Beim zweiten (strukturierenden) **Lesen** feststellen, welche unbekannten Wörter sich mithilfe der Muttersprache, anderer Sprachen oder Wörtern der gleichen Wortfamilie erschließen lassen.		
Sich nach dem zweiten **Lesen** zu jedem Abschnitt eine eigene Überschrift überlegen.		
Nach Abschluss der **Lesephase** eine Tabelle anlegen und die wichtigsten Informationen in Stichworten und in sinnvoller Reihenfolge eintragen.		

Meine Erfolgsstrategie:

Wenn ich mir einen unbekannten Text erarbeite, dann ...

_____

Du hast auch noch viele andere Tipps bekommen:
- wie man einen offiziellen Brief und einen Lebenslauf schreibt;
- wie man mit einem zweisprachigen Wörterbuch umgeht;
- wie man Fehler in eigenen Texten erkennt und korrigiert;
- wie man sich mithilfe von Gestik und Mimik ausdrücken kann;
- wie man einen Text mündlich präsentiert.

Überlege dir, wie du dich in diesen Situationen verhältst und besprich deine Strategien dann mit deinen Klassenkameraden.

Was ich mir für die Zukunft vornehme

Notiere hier deine Ziele für Französisch im kommenden Schuljahr. Gibt es Bereiche, in denen du z. B. mehr üben willst (Hören, Lesen, Miteinander Sprechen, Schreiben, Aussprache)? Gibt es Themen über Frankreich, die du vertiefen möchtest? Was interessiert dich besonders?

In diesem Jahr möchte ich ...

_____

_____

🎲 👥 🔄 Jouer et gagner!

Il vous faut un dé¹ et deux pions². Jouez à deux. L'élève qui arrive le premier/la première à l'arrivée a gagné.

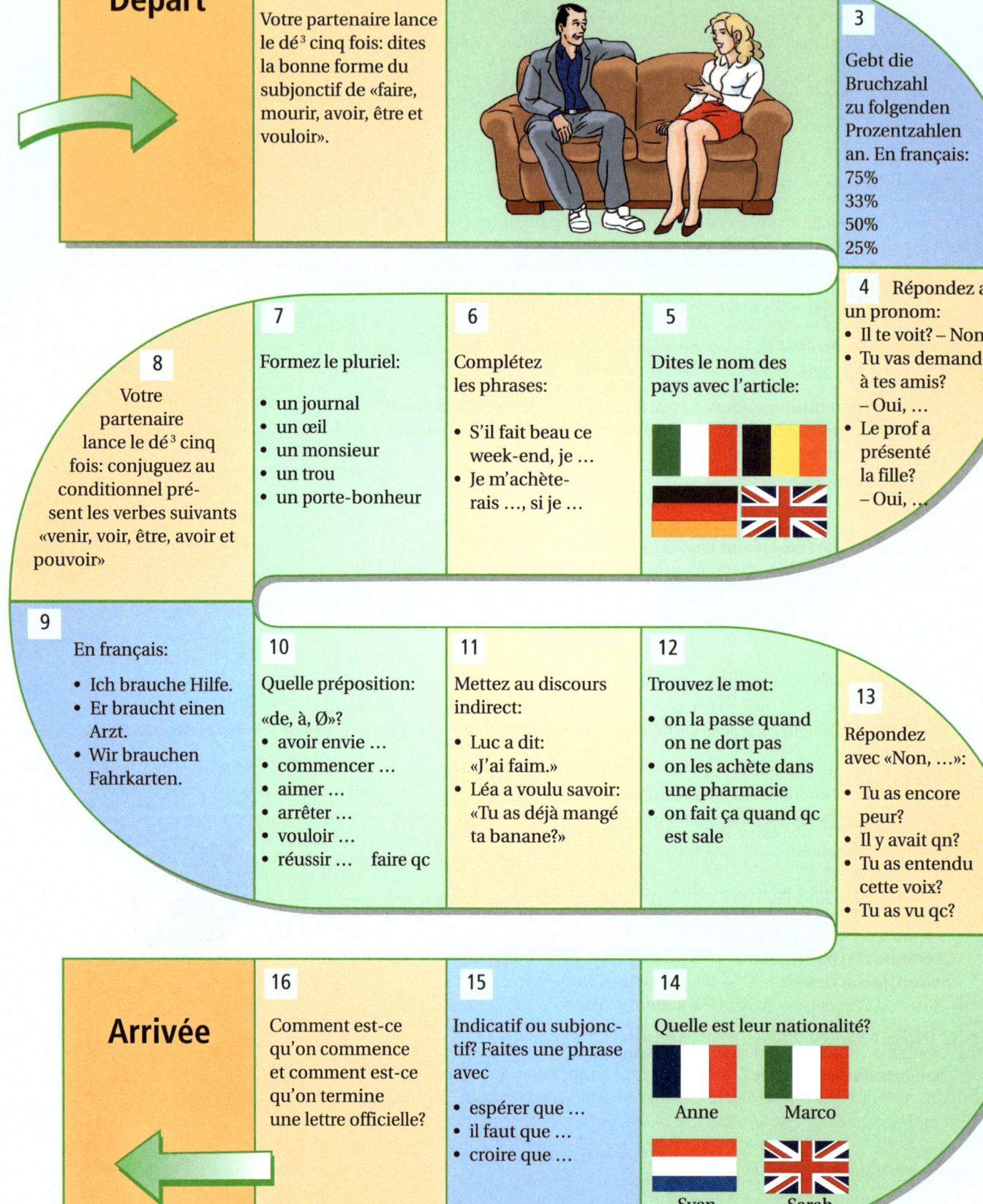

Départ

1 Votre partenaire lance le dé³ cinq fois: dites la bonne forme du subjonctif de «faire, mourir, avoir, être et vouloir».

2 Qu'est-ce qu'ils portent?

3 Gebt die Bruchzahl zu folgenden Prozentzahlen an. En français:
75%
33%
50%
25%

4 Répondez avec un pronom:
- Il te voit? – Non, …
- Tu vas demander à tes amis? – Oui, …
- Le prof a présenté la fille? – Oui, …

5 Dites le nom des pays avec l'article:

6 Complétez les phrases:
- S'il fait beau ce week-end, je …
- Je m'achèterais …, si je …

7 Formez le pluriel:
- un journal
- un œil
- un monsieur
- un trou
- un porte-bonheur

8 Votre partenaire lance le dé³ cinq fois: conjuguez au conditionnel présent les verbes suivants «venir, voir, être, avoir et pouvoir»

9 En français:
- Ich brauche Hilfe.
- Er braucht einen Arzt.
- Wir brauchen Fahrkarten.

10 Quelle préposition: «de, à, Ø»?
- avoir envie …
- commencer …
- aimer …
- arrêter …
- vouloir …
- réussir … faire qc

11 Mettez au discours indirect:
- Luc a dit: «J'ai faim.»
- Léa a voulu savoir: «Tu as déjà mangé ta banane?»

12 Trouvez le mot:
- on la passe quand on ne dort pas
- on les achète dans une pharmacie
- on fait ça quand qc est sale

13 Répondez avec «Non, …»:
- Tu as encore peur?
- Il y avait qn?
- Tu as entendu cette voix?
- Tu as vu qc?

14 Quelle est leur nationalité?
Anne   Marco
Sven   Sarah

15 Indicatif ou subjonctif? Faites une phrase avec
- espérer que …
- il faut que …
- croire que …

16 Comment est-ce qu'on commence et comment est-ce qu'on termine une lettre officielle?

Arrivée

---

1 un dé ein Würfel – **2 un pion** *(hier)* eine Spielfigur – **3 lancer le dé** würfeln

Spielanleitung

Derjenige Partner/diejenige Partnerin, der/die die höchste Augenzahl gewürfelt hat, beginnt, zieht um die entsprechende Anzahl der Felder vor und versucht die Aufgabe richtig zu lösen. Beantwortet er/sie die Aufgabe richtig, kann er/sie auf dem Feld stehen bleiben; beantwortet er/sie falsch oder unvollständig, muss er/sie wieder um die gewürfelte Anzahl Felder zurück.
Wichtig: Als korrekte Antworten gelten nur vollständige Sätze und Formen!
Falls ihr euch nicht sicher seid, ob eine Antwort richtig oder falsch ist, dann nehmt das Lösungsblatt zu Hilfe oder fragt euren Lehrer/eure Lehrerin. Dann ist der Partner/Partnerin an der Reihe. Wer als erster/erste das Feld „Arrivée" erreicht hat – es muss mit der gewürfelten Augenzahl genau getroffen werden – hat diese Runde gewonnen.

Lösungen

1

que …	je fasse tu fasses il/elle fasse nous fassions vous fassiez ils/elles fassent	je meure tu meures il/elle meure nous mourions vous mouriez ils/elles meurent	j'aie tu aies il/elle ait nous ayons vous ayez ils/elles aient	je sois tu sois il/elle soit nous soyons vous soyez ils/elles soient	je veuille tu veuilles il/elle veuille nous voulions vous vouliez ils/elles veuillent

2 La dame porte une jupe rouge, un chemisier blanc et des chaussures marron.
   Le monsieur porte un costume gris, une chemise bleue et des baskets blanches.
3 75% ~ trois quarts … – 33% ~ un tiers … – 50 % ~ la moitié … – 25 % ~ un quart …
4 Non, il ne me voit pas.   – Oui, je vais leur demander.   – Oui, il l'a présentée.
5 l'Italie (f.) – la Belgique – l'Angleterre (f.) – l'Allemagne (f.)
6 Demandez à votre prof! (S'il fait beau ce week-end, je + phrase au présent/futur
   Je m'achèterais … si je + phrase à l'imparfait)
7 des journaux – des yeux – des messieurs – des trous – des porte-bonheurs

8

je viendrais tu viendrais il/elle viendrait nous viendrions vous viendriez ils/elles viendraient	je verrais tu verrais il/elle verrait nous verrions vous verriez ils/elles verraient	je serais tu serais il/elle serait nous serions vous seriez ils/elles seraient	j'aurais tu aurais il/elle aurait nous aurions vous auriez ils/elles auraient	je pourrais tu pourrais il/elle pourrait nous pourrions vous pourriez ils/elles pourraient

9 J'ai besoin d'aide./Il me faut de l'aide.
   – Il a besoin d'un médecin./Il lui faut un médecin.
   – Nous avons besoin de billets./Il nous faut des billets.
10 avoir envie de – commencer à – aimer Ø – arrêter de – vouloir Ø – réussir à faire qc
11 Luc a dit qu'il avait faim. – Léa a voulu savoir s'il avait déjà mangé sa banane.
12 une nuit blanche – les/des médicaments – nettoyer qc
13 Non, je n'ai plus peur.
   – Non, il n'y avait personne.
   – Non, je n'ai pas entendu cette voix.
   – Non, je n'ai rien vu.
14 Anne est Française.   Marco est Italien.   Sven est Néerlandais.   Sarah est Anglaise.
15 espérer que + indicatif – il faut que + subjonctif – croire que + indicatif
16 Madame/Monsieur – Mesdames/Messieurs
   Salutations distinguées.

DOSSIER 1

Des amis pour la vie

1 On prépare le voyage!

Complétez le texte. Mettez les verbes entre parenthèses (in Klammern) aux temps et aux modes qu'il faut.

1. Cinq heures! Ouf! La fin des cours! Sébastien _savait_ (savoir) qu'il _____ (falloir) faire vite. 2. Hier soir, son père lui _____ (annoncer) qu'il l'_____ (attendre) à 5 heures 15 en ville. 3. Sébastien _____ (courir) pour attraper le bus qui _____ (venir) d'arriver! 4. Quand il _____ (descendre) à l'arrêt «Centre-ville», il _____ (voir) son père qui lui _____ (faire) déjà des grands signes. 5. «Salut, mon grand! Est-ce que tout _____ (se passer bien) à l'école?» 6. «Bof! Une journée comme les autres! Si on _____ (ne pas parler) de l'école …» 7. «D'acc! Viens! On _____ (avoir besoin) de nouveaux vêtements de pluie. 8. En Bretagne, il _____ (pleuvoir) souvent, tu _____ (savoir).» 9. Quand Sébastien et son père _____ (quitter) le magasin, les gens dans la rue _____ (commencer) à rigoler. 10. «Papa, il fait beau et chaud! Si on _____ (enlever) nos vêtements de pluie, personne ne _____ (se moquer) de nous! 11. «Il faut que tu _____ (comprendre) une chose, mon fils: ce que les gens _____ (penser) _____ (ne pas s'intéresser)!

2 Coup de foudre! → § 1

a *Ecrivez les phrases dans votre cahier et utilisez le gérondif pour le verbe en italique (kursiv).*

Exemple: 1. Quand on a le coup de foudre pour quelqu'un, on se lève en chantant.   Continuez.

1. se lever – *chanter*
2. faire devoirs – *vouloir être* près d'elle
3. s'endormir – *penser* à lui
4. aller à l'école – *traverser* la rue sans regarder
5. sourire – *apprendre* une mauvaise nouvelle

b *Qu'est-ce qui vous arrive ou qu'est-ce que vous faites quand vous êtes amoureux/amoureuse de quelqu'un? Ecrivez cinq phrases dans votre cahier. Utilisez «je» et le gérondif.*

Exemple: Je fais les courses en ...

3 Signes d'amour → § 1

a *Lisez d'abord les phrases et écrivez à côté leur fonction (Funktion): T = temps; M = manière (Art und Weise); C = condition. Puis, écrivez les phrases et utilisez maintenant un gérondif.*

1. Quand Sébastien s'est promené avec Juliette, il avait envie de la caresser.	___
Exemple: En se promenant avec Juliette, Sébastien avait envie de la caresser.	
2. Mais il s'est dit: – Stop! Si je m'approche trop vite d'elle, je perds peut-être Juliette pour toujours.	___
3. Puis, il a dit: – On se sent libre, quand on regarde la mer, tu ne trouves pas?	___
4. Enfin, Sébastien a touché Juliette comme ça: il a posé sa main gauche sur la main droite de la fille.	___

b *Trouvez les phrases qui vont ensemble. Si vous les avez mises dans le bon ordre, vous trouverez le mot-clé à l'aide des lettres des bonnes réponses.*
Ensuite, cochez (kreuzt ... an) les phrases où vous pouvez utiliser un gérondif.

1. Quand je te vois,	l'	u. je souhaite qu'on reste ensemble pour toujours.	
2. Même si tu me mentais,		o. pour que je puisse être près de toi.	
3. J'adore te dire bonjour comme ça:		r. «Ne me quitte jamais, chéri!»	
4. Je ferais n'importe quoi		l. j'ai envie de pleurer de joie.	
5. Quand je t'embrasse, mon amour,		a. je te croirais.	
6. Je t'aime et te dis:		m. me jeter dans tes bras.	

4 Avec des bons copains ...

a *Faites des phrases. Utilisez chaque verbe à gauche une fois et faites attention à la bonne préposition: «à», «de» ou «Ø»? Commencez comme ça: Avec un bon copain/une bonne copine, je ...*

Exemple: Avec une bonne copine, j'aime passer tout mon temps.

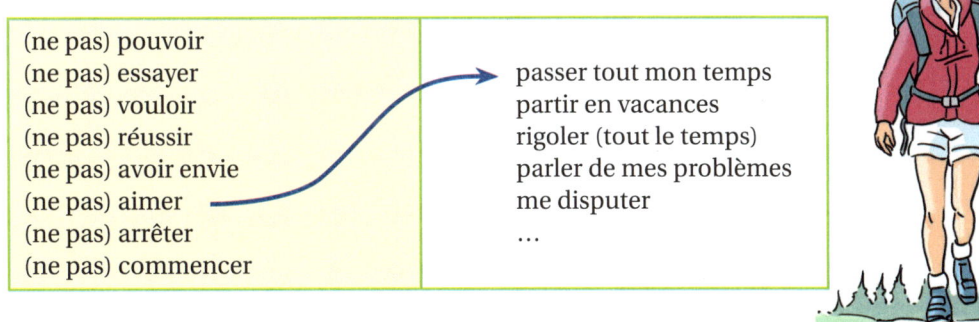

(ne pas) pouvoir
(ne pas) essayer
(ne pas) vouloir
(ne pas) réussir
(ne pas) avoir envie
(ne pas) aimer
(ne pas) arrêter
(ne pas) commencer

passer tout mon temps
partir en vacances
rigoler (tout le temps)
parler de mes problèmes
me disputer
…

5 L'horoscope[1] → § 2

Sébastien et Juliette discutent des horoscopes.

Complétez le dialogue toujours avec une des prépositions de la case (Kästchen) jaune et avec un des verbes de la case verte.

| avant de (faire qc) ♦ après (avoir fait qc) | le lire ♦ rencontrer ♦ perdre ♦ rigoler |
| sans (faire qc) ♦ pour (faire qc) | vivre ♦ donner ♦ me montrer ♦ acheter |

Sébastien: Tiens, voilà mon horoscope pour la semaine prochaine. Tu crois aux horoscopes, toi?

Juliette: Moi? Non! Si je les lis, c'est _____ . Alors, qu'est-ce qu'on te dit? Non, attends! _____ ton horoscope, je vais te dire ce qu'il y a.

Sébastien: Mais tu ne peux pas le savoir _____ , non?

Juliette: Mais si, Sébastien, les horoscopes, c'est toujours la même chose! _____ des conseils pour la santé et l'argent, on te parle de l'amour: _____ la forme, faites beaucoup de sport! Réfléchissez sur le pour et le contre _____ un objet très cher! Mercredi, vous allez connaître la personne de vos rêves … blablabla!

Sébastien: Eh ben, non! Ici, on dit: _____ la personne de vos rêves il y a quelques jours, vous êtes en super forme _____ les meilleurs moments à deux …

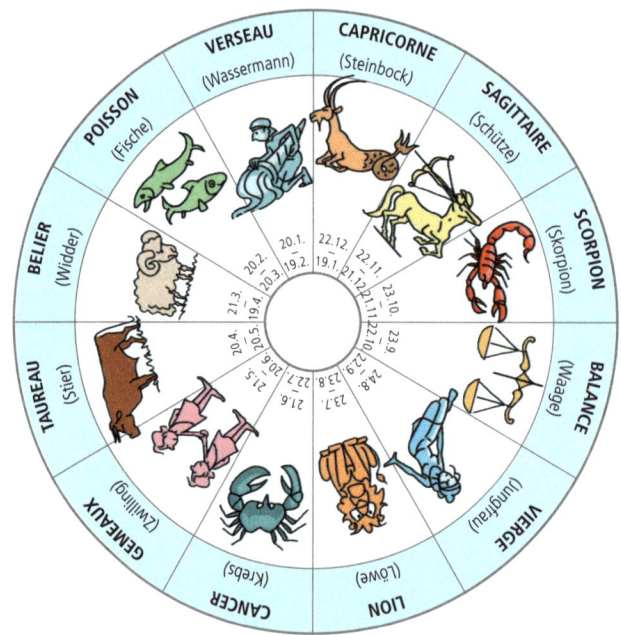

 ## 6 Le rêve de Djamel → § 2

Vous trouverez l'exercice à la page 72.

---

1 **un horoscope** ein Horoskop

7 Ecrire: Choisir un livre

Voici quatre livres. Regardez les couvertures¹ et lisez le résumé de chaque livre. Lequel aimeriez-vous lire? Ecrivez un texte d'environ huit à dix phrases dans votre cahier. Si aucun des livres ne vous plaît, dites aussi pourquoi.

Une sonate² pour Rudy

Roman
Nicolas trouve la vie difficile: il déménage, arrive dans un nouveau collège, ne peut plus faire de la musique comme avant et, en plus, devient la «tête de turc³» de Dylan et de sa bande.

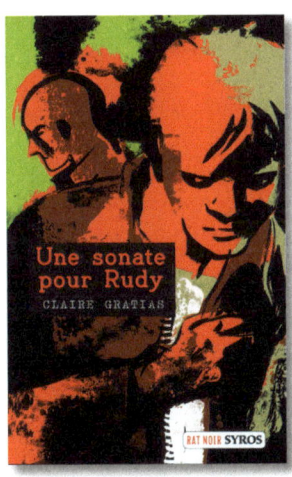

Phænomen

Roman
Quatre adolescents sont dans un hôpital où on les soigne pour des problèmes de comportement⁴. Seul leur médecin les comprend, mais il disparaît tout à coup. Les ados partent le chercher à Paris et apprennent finalement son secret⁵.

La fille du papillon⁶

Journal
Solveig commence à écrire son journal quand elle rencontre un garçon qu'elle appelle «le Monde». Elle raconte la douleur depuis la mort de sa mère, la vie avec son père qui aime un peu trop plaire aux femmes.

Spirou à Tokyo

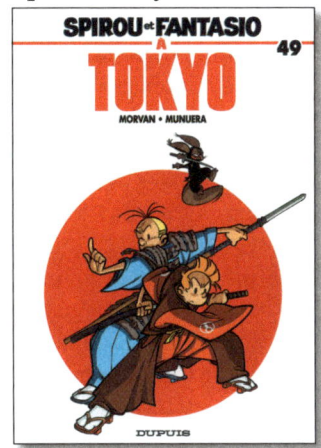

BD
La jeune Loon a réussi à fuir Mankagana. Elle doit maintenant libérer⁷ son frère. Spirou et Fantasio, en voyage à Tokyo, sauront-ils l'aider?

8 Ecouter: Frères et sœurs

a *Ecoutez le texte une fois et cochez la bonne réponse.*

1. David laisse un message … à ses copains. ☐ à son frère. ☐ à Radio Ados. ☐	2. Il appelle parce … que ses frères et sœurs font des bêtises. ☐ qu'il a besoin d'aide. ☐ qu'il a fait une bêtise. ☐
3. Il voudrait … être seul. ☐ avoir d'autres frères et sœurs. ☐ changer de parents. ☐	4. Le pire⁸, c'est que … sa mère attend un bébé⁹. ☐ David a un bébé. ☐ ses parents le voient comme un bébé. ☐

b *Ecoutez le texte encore une fois et répondez aux questions. Ecrivez dans votre cahier.*

1. Pourquoi est-ce que la vie de David est un enfer?
2. Qu'est-ce qui énerve David?
3. Que font ou que disent ses parents?
4. Pourquoi est-ce que David appelle Radio Ados?
5. Qu'est-ce qu'il attend de Radio Ados?

c *Pour vous, avoir des frères et sœurs, c'est l'enfer ou le paradis? Ecrivez au moins (wenigstens) cinq phrases.*

---

1 **une couverture** *(hier)* ein Buchumschlag – 2 **une sonate** eine Sonate *(klassisches Musikstück)* – 3 **une tête de turc** ein Prügelknabe – 4 **un comportement** ein Verhalten – 5 **un secret** ein Geheimnis – 6 **un papillon** ein Schmetterling – 7 **libérer qn / qc** jdn. / etw. befreien – 8 **le pire** das Schlimmste – 9 **un bébé** ein Baby

9 Lire: Le prix des lycéens[1]

a *Lisez ce texte.*

1500 à 2000 jeunes de 15 à 18 ans participent chaque année avec leur classe au «Prix Goncourt des lycéens» qu'organise une chaîne de magasins. Pendant deux mois, ils lisent dix romans, rencontrent leurs auteurs et choisis‑
5 sent leur livre préféré. On annonce le nom du livre qui a gagné au mois de novembre en même temps que le très sérieux «Prix Goncourt».
En septembre, les libraires[2] viennent remettre les livres dans les classes. «Au début, les élèves sont parfois un peu
10 inquiets. Certains lisent très peu. Même s'ils ont donné leur accord, c'est à l'initiative des profs qu'ils participent à ce marathon[3] de lecture», explique Claudine, professeur de français à Paris. Peu familiers avec la littérature[4] d'aujourd'hui, les ados regardent donc les couvertures[5],
15 les thèmes au dos des livres et les photos. Ils demandent les livres au hasard: «Le bleu, le jaune, le blanc!»
Ce n'est que plus tard, après plusieurs semaines de lectu‑
re, quand ils rencontrent les auteurs et, bien sûr, quand ils choisissent leur livre préféré, qu'ils s'enflamment pour
20 un texte.
Avec ses lectures, ses rencontres, ses dédicaces[6], […] et aussi ses journalistes, ses caméras, le «Goncourt des lycéens» est une fête. Mais qu'en reste-t-il après? Un lauréat[7], bien sûr. Souvent les lycéens s'intéressent
25 à la lecture. Parfois même certains découvrent qu'ils veulent devenir écrivain[8]. Et parfois rien du tout, comme l'explique cette jeune fille: «J'ai lu beaucoup de livres.

J'ai aimé des romans, mais je ne pense pas que j'en ouvrirai d'autres si on ne me le demande pas. Et puis, c'est cher, les livres!»

© *Société Le Figaro, Paris; L'express du 30/10/2003. Tiré de l'article d'Olivier Le Naire «L'Autre Goncourt».*

b *Vous ne connaissez pas les mots ou les expressions soulignés dans le texte. Mais vous connaissez des mots de la même famille ou dans d'autres langues. Ecrivez des phrases qui veulent dire la même chose.*

expression du texte	mot connu	expression synonyme
Les libraires viennent remettre les livres dans les classes. (l. 8/9)	_____	Les libraires apportent et donnent les livres dans les classes.
1. Ils ont donné leur accord. (l. 10 / 11)	_____	_____
2. Ce marathon de lecture est à l'initiative des profs. (l. 11)	_____	_____
3. Les ados sont peu familiers avec la littérature d'aujourd'hui. (l. 13)	_____	_____
4. Ils s'enflamment pour un texte. (l. 19)	_____	_____

---

1 un lycéen / une lycéenne ein Gymnasiast / eine Gymnasiastin – **2 un libraire/une libraire** ein Buchhändler/ eine Buchhändlerin – **3 un marathon** ein Marathonlauf – **4 la littérature** die Literatur – **5 une couverture** *(hier)* ein Buchumschlag – **6 une dédicace** eine Widmung – **7 un lauréat / une lauréate** ein Preisträger / eine Preisträgerin – **8 un écrivain / une femme écrivain** ein Schriftsteller / eine Schriftstellerin

c *Répondez aux questions suivantes. Ecrivez dans votre cahier.*

1. Pourquoi parle-t-on d'un «marathon de lecture»?
2. Pour quelles raisons les jeunes choisissent-ils d'abord un livre?
3. A votre avis, pourquoi est-ce que le «Prix Goncourt des lycéens» est une fête?

10 Savoir faire: Une fiche de lecture

a *Avant la lecture, regardez la couverture (den Buchumschlag) et le titre du livre. A votre avis, de quoi va parler ce texte? Ecrivez trois phrases dans votre cahier.*

b *Pendant la lecture, écrivez le nom des personnages et les phrases importantes du texte dans votre cahier.*

L'ascenseur[1] s'est ouvert à mon étage. Ma mère m'attendait à la porte.
– Qu'est-ce qui t'est arrivé, encore?
– Quoi?
5 – Tu t'es battu?
– Non! J'ai pris un coup de coude[2] au basket.
– Toi, t'as vraiment un problème. On te cherche partout depuis hier. Tu sais pourtant très bien qu'on doit partir aujourd'hui. Si je ne me retenais[3]
10 pas, je te mettrais une bonne claque[4]. C'est pas croyable[5]! Et puis, où étais-tu?
Zut! J'avais pensé à tout, sauf à trouver une bonne excuse[6]. J'avais trois secondes pour réfléchir et sortir une histoire qui tienne la route[7].
15 – Alors, tu étais où?
– Euh … chez Armand.
– Ah bon?
– Oui.
– Et Armand se met du rouge à lèvres[8] et il a de longs
20 cheveux blonds[9], aussi? Tu te moques de qui? Ce matin, j'ai envoyé Alassane te chercher chez Armand et tu n'y étais pas.
Comme par hasard … il fallait trouver autre chose, et vite!
25 – Non, c'est pas le même Armand.
– C'est bon, arrête! Rentre et va vite te changer. On est pressés[10].
– Maman, je t'ai déjà dit que je n'avais pas envie d'aller au Sénégal.
30 – Parce que tu crois qu'on y va pour des vacances? On y va pour ton père. Tu n'as pas le choix[11], entre et va te préparer!

Sarcelles-Dakar, Insa Sané © 2006, Editions Sarbacane

c *Après avoir lu le texte, faites une fiche de lecture en répondant aux questions suivantes dans votre cahier.*

1. De quoi parle ce texte?
2. Quels sont les personnages? Que font-ils et pourquoi?
3. Faites le plan du texte.
4. A votre avis, quelle va être la suite de l'histoire?

---

1 un ascenseur ein Aufzug – **2 un coup de coude** ein Schlag mit dem Ellenbogen – **3 se retenir** sich zurückhalten – **4 une claque** eine Ohrfeige – **5 C'est pas croyable!** *(fam.)* Das ist unglaublich! – **6 une excuse** eine Entschuldigung – **7 tenir la route** *(hier)* glaubhaft sein – **8 un rouge à lèvres** ein Lippenstift – **9 blond / blonde** blond – **10 être pressé(e)** in Eile sein – **11 un choix** eine (Aus)Wahl

11 Auto-contrôle 1: Disputes entre meilleures amies → § 2

Comme toujours, Amélie et sa copine ont flashé sur le même garçon.
Puis, elles se sont disputées. Amélie le raconte dans son journal.

*Complétez les phrases avec les expressions entre parenthèses. N'oubliez pas d'utiliser
une préposition «avant de, pour, sans, après, de, à» s'il le faut.
Vous trouverez la solution à la page 85.*

1. Aujourd'hui, Marie et moi, on s'est encore disputé _____ _____ (flasher) sur un garçon. 2. On ne peut pas passer une journée _____ (se faire la tête) au moins une fois. 3. On aime toujours _____ (draguer) le même garçon. 4. Mais ce petit jeu ne finit jamais _____ (faire une victime), Marie ou moi. 5. On voudrait bien trouver une solution _____ _____ (arrêter ces disputes). 6. En fait, il faudrait d'abord décider qui va sortir avec le garçon _____ (parler avec lui). 7. Comme ça, on arrêterait _____ (vouloir plaire) au même garçon. 8. Et on réussirait _____ (ne plus se disputer).

12 Auto-contrôle 2: Rendez-vous possible? → § 1

a *Ecrivez les phrases suivantes dans votre cahier en utilisant un gérondif là où c'est possible.
Vous trouverez la solution à la page 85.*

1. Quand son portable a sonné, Thomas a senti que ce n'était pas un bon signe.
2. Pendant qu'il ouvrait le message, il pensait à la soirée qu'ils allaient passer ensemble.
3. Il a souri et s'est dit: «Je t'aime, Nathalie, chérie!»

b *Remplacez (Ersetzt) les gérondifs par des subordonnées (Nebensätze). Ecrivez dans votre cahier.*

1. Mais en lisant le SMS, il ne pouvait pas en croire ses yeux.
2. «Cinéma pas possible! En voyant ma note de maths, maman m'a interdit de sortir! Nathalie»
3. Alors, Thomas s'est dit qu'il pourrait peut-être arranger[1] les choses en passant chez elle.
4. En descendant l'escalier quatre à quatre[2], il ne savait pas encore …

c *Finissez la phrase
en imaginant la fin de l'histoire.*

---
1 arranger qc etw. in Ordnung bringen – **2 descendre l'escalier quatre à quatre** die Treppe hinunterstürzen

DOSSIER 2

Au cœur des banlieues

1 **Une interview avec Khadija Chalid**

Radio Ados fait une interview avec Khadija Chalid.

Mettez l'indicatif ou le subjonctif et faites attention aux temps.

Radio Ados: Comment est-ce que vous êtes arrivée en France?

Khadija: Eh bien, au Maroc[1], mon père n'avait pas de travail.
Il fallait qu'on _____ (partir) pour chercher du travail dans un autre pays.

Radio Ados: Et, aujourd'hui, vous _____ (habiter) au centre-ville. Pourquoi?

Khadija: Mes parents ont toujours voulu que nous _____ (habiter) en ville. A cette époque, bien qu'ils _____ (ne pas avoir) beaucoup d'argent, mes parents _____ (trouver) un appartement d'une pièce pour nous cinq. Mon père exigeait que j' _____ (aller) à l'école tous les jours et que je _____ (faire) des efforts pour réussir.

Radio Ados: Comment étaient les copains de classe?

Khadija: Ils voulaient que je _____ (faire) tout comme eux, et ils se moquaient de moi parce que je ne _____ (parler) pas bien le français. Mes parents souhaitaient que j' _____ (apprendre) le français à l'école et voulaient que je _____ (parler) arabe à la maison.

Radio Ados: Et aujourd'hui, quinze ans après votre arrivée en France, est-ce que la situation a changé?

Khadija: Oui, pour nous, la situation est meilleure. Je suis heureuse que mes parents _____ (avoir) un petit restaurant et un appartement, que mes frères _____ (apprendre) un métier et que j' _____ (avoir) la chance d'avoir trouvé un emploi dans un magasin.

Radio Ados: Et quels sont vos souhaits?

Khadija: J'ai peur que la France ne _____ (faire) pas assez pour que la situation des étrangers _____ (être) meilleure. Je voudrais que les Français _____ (avoir) plus confiance en nous, étrangers, et qu'ils _____ (essayer) de mieux nous comprendre. Je voudrais que les étrangers qui _____ (faire) souvent des jobs pas très agréables _____ (être) mieux acceptés par les Français.

---

1 **le Maroc** Marokko

2 Mohamed Dia à New York → § 3

Mettez l'indicatif ou le subjonctif. Faites attention aux conjonctions.

1. C'est l'histoire d'un fils d'immigrés[1] qui a réussi bien qu'il _____ (être né) à Sarcelles, dans la banlieue «chaude» de Paris. 2. Il vend des pizzas[2] jusqu'à ce qu'il _____ (avoir) un petit job à la mairie de Sarcelles. 3. Bien qu'il _____ (vouloir) devenir une star du basket[3], il décide d'accepter ce job. 4. Plus tard, quand il _____ (faire) un voyage à New York, il découvre qu'on _____ (pouvoir) réussir dans le monde

du travail bien qu'on _____ (être) noir. 5. Il décide de créer la marque «M. Dia» sans que personne ne l'_____ (aider). C'est une mode qui vient de la rue. 6. Pour que sa marque _____ (être) connue, il s'adresse à des copains de classe qui _____ (devenir, *passé composé*) chanteurs de rap, et il les habille avec les vêtements de sa marque. 7. Comme sa mode des rues _____ (plaire) aux jeunes, il réussit à vendre ses vêtements en France et dans d'autres pays. 8. En 2001, il fait un contrat avec la NBA *(National Basketball Association)*, la ligue[4] de basket américaine[5], ce qui _____ (être) sa grande chance.

3 Ecrire: Le rap, le cri des banlieues

a *Lisez le texte.*

Né à la fin des années 1970 à New York, dans les ghettos de Brooklyn et du Bronx, le rap arrive dans les banlieues de Paris et de Marseille au début des années 1980.
5 Pour les jeunes immigrés, qui vivent dans les banlieues des grandes villes, qui ne trouvent pas de travail et qui ne se sentent pas acceptés par la société, le rap devient rapidement un moyen d'exprimer leur colère et leur haine mais aussi
10 leurs espoirs.
Pour les jeunes des cités, le rap est un moyen de créer leur propre[6] culture, de faire passer leur langage. Les groupes du rap «hardcore» comme *Sniper, Rohff* ou *Disiz la Peste* ne sont pas
15 d'accord avec les règles de la société, ils crient leur haine et attaquent les hommes politiques[7]. La chaîne de radio *Skyrock*, surtout dédiée[8] au rap, est aujourd'hui la première radio des 13 – 24 ans avec 3,7 millions d'auditeurs[9] par jour.

Disiz la Peste

b *Ecrivez un petit texte d'environ 100 mots dans votre cahier.*

1. Expliquez le titre de cet article.
2. Que pensez-vous du rap?

---

1 un immigré / une immigrée ein Einwanderer / eine Einwanderin – **2 une pizza** eine Pizza – **3 le basket** Basketball *(das Spiel)* – **4 une ligue** eine Liga – **5 américain / américaine** amerikanisch – **6 propre** eigen – **7 un homme politique / une femme politique** ein Politiker / eine Politikerin – **8 dédié / dédiée** gewidmet – **9 un auditeur / une auditrice** ein Zuhörer / eine Zuhörerin

4 Lire: Le poème de Fatya

Boris Seguin est professeur au collège Jean-Jaurès à Pantin, en banlieue de Paris où il y a beaucoup de problèmes avec des élèves très difficiles. Il réussit pourtant à les motiver en leur faisant écrire des poèmes. Voici un exemple:

Dans mon H.L.M.

Dans mon bâtiment[1], c'est amusant.
J'habite au troisième et ça déménage.
Mes voisins sont Portugais.
Rien à dire, ils sont parfaits.
5 Quant à ceux[2] d'à côté, ils sont bizarres:
Il y a des hommes qui défilent[3] toute la journée:
On dirait des paumés[4] qui se baladent dans notre cité.
Ceux du deuxième, on a droit à[5] leurs scènes de ménage[6]
Leur voisin est un vieillard qui râle[7] tout le temps
10 Et que personne n'aime
Lorsqu'on[8] met les gens de ce palier[9] ensemble:
Ça cogne![10]
Ceux du premier sont sympa.
On les rencontre parfois.
15 On se dit bonjour.
Au rez-de-chaussée[11], ils sont gentils aussi
Sauf quand il leur prend de mettre la musique à fond[12].
Ça résonne jusqu'au plafond[13].

On ne s'entend plus du premier au douzième.
De temps en temps, un homme descend les escaliers 20
en sifflotant[14].
Parfois, j'aide une dame à monter son baby
Dans l'ascenseur[15]
Ou je tiens la porte quand certains rentrent
Les bras pleins de courses. 25
Il m'arrive aussi d'entendre les portes claquer
Ou quand le temps est mauvais
Les cris et les rires des enfants jouant dans le hall,
Suivis bientôt des hurlements[16] des voisins mécontents.
Pourtant mon bâtiment a du charme. 30
Ce que j'aime dans cet immense H.L.M.
Ce sont les gens
Qui viennent de n'importe quel pays[17].
Ça me réjouit[18] d'avoir tant d'amis[19].

Fatya Ali Touhami

© Boris Seguin, *Crame pas les blases*, Paris 1994

a Après avoir lu le poème, cochez (kreuzt … an) la bonne réponse ou les bonnes réponses.

1. Le H.L.M. de Fatya a … six étages. ☐ neuf étages. ☐ douze étages. ☐	2. Fatya habite au … rez-de-chaussée. ☐ troisième étage. ☐ neuvième étage. ☐
3. Elle connaît … tous les habitants de l'immeuble. ☐ quelques habitants de l'immeuble. ☐ aucun habitant de l'immeuble. ☐	4. Ses voisins du deuxième étage … se disputent souvent. ☐ n'aiment pas leur voisin. ☐ sont gentils. ☐
5. Les gens du rez-de-chaussée … ne sont jamais contents. ☐ sont sympas. ☐ mettent souvent la musique très fort. ☐	6. Fatya … aime bien son H.L.M. ☐ trouve son H.L.M. bizarre. ☐ a trouvé beaucoup d'amis dans son H.L.M. ☐

---

1 un bâtiment ein Gebäude – **2 quant à ceux** was diejenigen betrifft – **3 défiler** – vorbeimarschieren – **4 un paumé / une paumée** ein Verirrter / eine Verirrte – **5 avoir droit à faire** *(hier)* an etw. teilhaben – **6 une scène de ménage** ein Ehekrach – **7 râler** meckern – **8 lorsque** wenn – **9 un palier** *(hier)* ein Stockwerk – **10 Ça cogne!** Das gibt Dresche! – **11 un rez-de-chaussée** ein Erdgeschoss – **12 à fond** *(hier)* mit voller Lautstärke – **13 un plafond** eine Decke – **14 sifloter** pfeifen – **15 un ascenseur** ein Aufzug – **16 un hurlement** ein Geschrei – **17 n'importe quel pays** irgendein beliebiges Land – **18 se réjouir** sich freuen – **19 tant de** so viele

2

b *Répondez à ces deux questions dans votre cahier.*

1. Qu'est-ce qui énerve Fatya?
2. Qu'est-ce qu'elle trouve agréable?

c *Comment imaginez-vous Fatya?*

5 Ecouter: Une interview avec les élèves de Boris Seguin

a *Répondez aux questions suivantes après la première écoute.*

1. Comment étaient les élèves quand Boris Seguin les a rencontrés pour la première fois?
2. Quelle était son idée pour les motiver?

b *Après la deuxième écoute, répondez aux questions suivantes.*

1. Quels sont les thèmes qui intéressaient les élèves?
2. Comment est-ce que Boris Seguin a réussi à les motiver à écrire des poèmes?
3. Qu'est-ce qui a changé pour Mikki après qu'elle avait commencé à faire de la poésie[1]?
4. Quel a été l'effet[2] sur Tony?

c *Que pensez-vous de l'idée de Boris Seguin? Pensez-vous qu'écrire des poèmes puisse avoir le même effet sur vous? Ecrivez six à huit phrases.*

6 En français: Un centre de jeunes en Allemagne

Karim de Saint-Denis rend visite à son cousin Mehmed à Mülheim-sur-Ruhr.
Mehmed montre à Karim une affiche de la maison des jeunes et lui propose d'y passer l'après-midi.
Karim, qui ne parle pas l'allemand, demande à Mehmed de lui dire ce qu'on peut faire là-bas.

Herzlich willkommen im Café Fox.
Das Café Fox ist eine Einrichtung für Kinder und Jugendliche von 6 – 18 Jahren.
Hier könnt ihr Kurse besuchen und kreativ arbeiten: z. B. malen und Gedichte schreiben. Wir bieten auch Computer- und Kochkurse an. Wen es interessiert, der kann hier lernen, wie man mit einer Videokamera umgeht, oder er kann gemeinsam mit anderen Jugendlichen die Natur erforschen.
Sport ist bei uns großgeschrieben: Interessiert dich z. B. Fußball, Tanz, Hip-Hop oder Tischtennis? Kein Problem. Wir bieten alles. Unsere Disco ist auch sehr beliebt.
Außerdem ist das Café einfach ein Treffpunkt für euch und eure Freunde. Ihr könnt Billard und Kicker spielen, oder einfach miteinander quatschen. – Also, überlegt nicht lange, kommt zu uns und bringt auch eure Freunde mit. Ihr werdet begeistert sein!

Répondez aux questions de Karim. Ecrivez dans votre cahier.

Karim: Qu'est-ce qu'on dit sur cette affiche?

Mehmed: Ils nous souhaitent la bienvenue et …

Karim: Qu'est-ce qu'ils proposent comme activités?

Mehmed: Beaucoup de choses. On peut …

Karim: Est-ce qu'ils font aussi du sport?

Mehmed: Bien sûr. Il y a …

Karim: C'est intéressant! On y va?

---

1 la poésie die Dichtkunst – **2 un effet** eine (Aus)Wirkung

7 Des phrases qu'on entend en classe et à la maison → § 5

Patrick raconte à son copain ce que son prof leur a fait faire ou leur a laissé faire en classe.

a *Mettez-vous à la place de Patrick et racontez.*

1. Ne parlez pas avec vos voisins.
2. Travaillez en groupes.
3. Rangez la salle de classe.
4. Vous pouvez aller dans la cour quand vous avez fini.

Exemple:
1. Il ne nous a pas laissé parler avec nos voisins.

Souria n'est pas contente. Elle trouve qu'elle doit tout faire à la maison et que son frère ne fait rien. Elle se plaint de sa mère à une copine.

b *Racontez à la place de Souria.*

1. Tu ne dois pas sortir le soir.
2. Garde ta petite sœur.
3. Fais le repas pour la famille.
4. Tu peux seulement aller au cinéma avec ton grand frère.

8 Parler: Présenter un texte

On dit …

Quand vous voulez présenter un texte, vous devez respecter certaines règles:

1. Vous dites ce que c'est comme texte et d'où le texte vient:
   - C'est un article de journal, une partie d'un roman, une publicité, etc.
   - J'ai trouvé l'article sur Internet, dans un journal, etc.

2. Vous présentez le sujet:
   - Le texte parle de …, informe sur (informiert über) …, etc.
   - L'auteur présente …, discute …, montre …, etc.

3. Vous tirez une conclusion (Ihr zieht eine Schlussfolgerung):
   - En résumé, on peut dire que …

4. Vous dites votre avis:
   - Moi, je trouve que …
   - A mon avis, …
   - Personnellement, je crois que …
   - Je trouve important que …
   - C'est tout nouveau pour moi.

*Vous avez dix minutes pour lire le texte suivant et pour préparer votre petit exposé.
Puis, vous présentez le texte à votre voisin/voisine ou à tous les élèves de votre classe.*

Le Rollerparc Avenue

Avec ses 6.000 mètres carrés, le Rollerparc Avenue est la plus grande salle couverte de roller qui est en France. Il se trouve dans une vieille usine, à quinze minutes du centre de Paris. Les pistes sont ouvertes
5 aux rollers de tous les niveaux. Vous y trouvez une piste pour les jeunes qui débutent, mais aussi des pistes pour les plus forts. Là, vous pouvez aussi louer[1] des rollers pour des prix intéressants et il y a des professeurs qui donnent des cours. On peut rece-
10 voir 1.300 personnes en même temps. Il faut porter un casque, c'est obligatoire[2]. Selon le directeur du parc, il y a même des Américains et des Hollandais qui viennent faire du roller dans ce parc.
Le Parc est ouvert tous les jours pendant les vacances
15 scolaires[3].

Entrée:
Entrée enfant € 6
Entrée adulte € 8

Horaires:
Lundi – Mardi   16:00 – 00:00
Mercredi   10:00 – 00:00
Vendredi   16:00 – 00:00
Samedi   10:00 – 00:00
Dimanche   10:00 – 00:00

Adresse:
100 Rue Léon Geffroy
Zone industrielle Les Ardoines
94400 Vitry-Sur-Seine

---

1 louer qc etw. ausleihen – **2 obligatoire** zwingend vorgeschrieben – **3 des vacances scolaires** Schulferien

9 Savoir faire: Continuer la communication

Vous êtes à table dans la famille de votre correspondant/correspondante. Vous discutez avec la famille. Ce n'est pas toujours facile de trouver les mots qu'il faut. Alors, vous devez connaître des expressions qui vous permettent de continuer la discussion.

a *Choisissez les bonnes expressions pour exprimer (ausdrücken) ce que vous voulez dire. Vous les trouvez dans la case (Kästchen) ci-dessous.*

> Tu pourrais parler un peu moins vite? ♦ Comment dirais-je?
> ♦ D'accord! ♦ Qu'est-ce que tu veux dire? / Qu'est-ce que cela veut dire? ♦ Qu'est-ce que tu as dit? ♦ Ah, je vois. ♦ Tu pourrais répéter, s'il te plaît? ♦ Ce n'est pas vrai. / Ce n'est pas possible. ♦ Incroyable! ♦ Eh bien … / Alors … ♦ Ah bon? / Ça alors!

1. Dir fällt ein Wort nicht ein und du suchst nach einer Alternative.	_____
2. Dein Gesprächspartner benutzt ein Wort / einen Begriff, den du nicht verstehst.	_____
3. Du willst dein Einverständnis ausdrücken.	_____
4. Du machst deutlich, dass du verstanden hast.	_____
5. Du bittest deinen Gesprächspartner, noch einmal zu wiederholen.	_____
6. Du drückst dein Erstaunen über etwas aus.	_____
7. Du weißt nicht so recht, wie das Gespräch fortgeführt werden kann.	_____
8. Etwas von dem, was dein Gesprächspartner sagt, bestürzt dich.	_____
9. Du hast nicht verstanden oder nicht mitbekommen, was dein Gesprächspartner gesagt hat.	_____
10. Du bittest deinen Gesprächspartner, langsamer zu sprechen.	_____
11. Du drückst höchstes Erstaunen über einen Sachverhalt aus (im positiven wie im negativen Sinne).	_____

b *Vous contrôlez vos réponses de la partie **a** à l'aide des expressions de la stratégie à la page 25 de votre livre. Puis, vous travaillez avec votre voisin/voisine. Vous présentez l'expression allemande, votre partenaire essaie de donner la bonne réponse en français. Changez après cinq ou six phrases.*

10 Comment aider les jeunes sans travail? → § 4

Vous trouverez l'exercice à la page 73.

11 Auto-contrôle 1: Les règles de Nathan → § 3

Complétez le texte. Mettez le subjonctif ou l'indicatif. Vous trouverez la solution à la page 85.

Nathan: 1. Pour qu'on _____ (avoir) du succès, vous _____ (devoir) travailler dur.
2. Bien que certains parmi vous ne _____ (être) plus des enfants, et _____ (avoir) le droit de fumer et de boire de l'alcool, je vous l'interdis. 3. Je ne trouve pas que cela _____ (être) une bonne idée.
4. Avant le concert, vous _____ (devoir) rester derrière la scène jusqu'à ce que je vous _____ (faire) signe de venir. 5. Vous arrivez sur la scène sans que personne ne _____ (dire) un mot.
6. Il faut que tout le monde _____ (être) tranquille bien que vous _____ (trouver) cela difficile.
7. Si vous _____ (accepter) mes règles, je suis sûr que vous _____ (être, *futur composé*) des stars. Mais on ne devient pas une star sans faire des efforts.

12 Auto-contrôle 2: Deux amies et leurs parents → § 5

Fatima discute avec sa copine Naïma.

Complétez les phrases avec «laisser faire» ou «faire faire». Vous trouverez la solution à la page 85.

Fatima	Naïma
1. C'est vrai que tes parents ne te _____ pas partir en vacances avec des copains?	1. Non, je dois rester à la maison. Ils me _____ travailler pour l'école. Ils trouvent que mes notes sont trop mauvaises.
2. Et tes frères? Est-ce qu'ils les _____ partir?	2. Ils les _____ même aller tout seuls en Algérie.
3. Ta mère te _____ beaucoup travailler à la maison?	3. Oui, et le soir, elle ne me _____ pas regarder la télé.
4. Elle te _____ faire les courses?	4. Oui, et elle me _____ aussi ranger les chambres. Elle dit que c'est le travail d'une fille.
5. Avec mes parents, c'est différent. Ils me donnent beaucoup de liberté. Ils me _____ travailler pour l'école, bien sûr, mais ils me _____ sortir le soir jusqu'à 22 heures, même avec des garçons.	5. Tu as vraiment de la chance!

DOSSIER 3

Ville ou campagne?

1 Si on écoutait toujours les autres …

a *Reconstituez (Stellt … wieder her) les conseils en utilisant le conditionnel présent.*

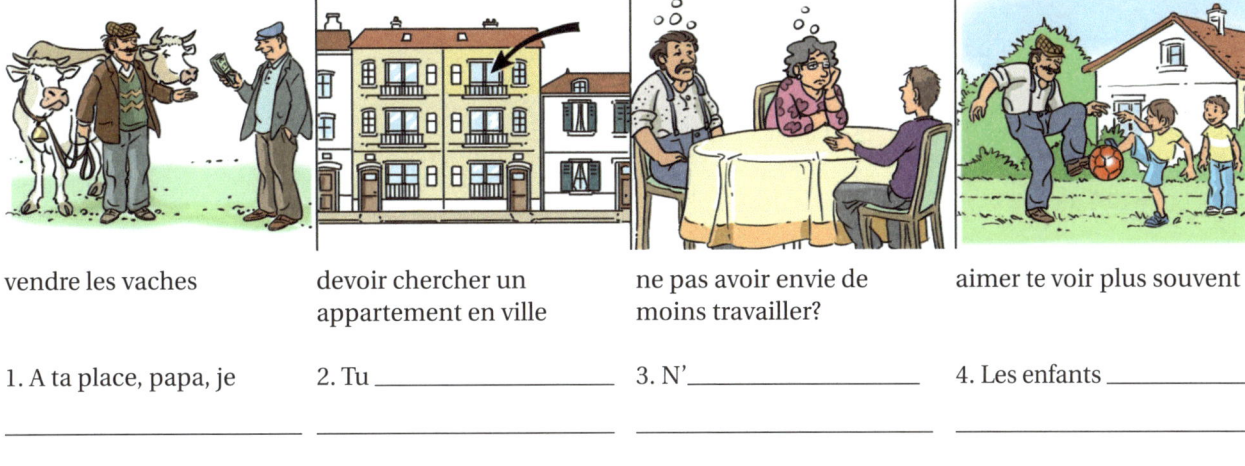

| vendre les vaches | devoir chercher un appartement en ville | ne pas avoir envie de moins travailler? | aimer te voir plus souvent |

1. A ta place, papa, je _____ _____

2. Tu _____ _____

3. N'_____ _____

4. Les enfants _____ _____

b *Ecrivez les réponses du père dans votre cahier.*
Utilisez le conditionnel présent et faites attention aux temps.

1. Si – je – vendre – mes vaches / je – être malheureux.
2. Ma ferme – me manquer / si – je – vivre – dans un appartement en ville.
3. Si – ta mère et moi – travailler moins / tu – devoir nous aider.
4. Si tes enfants – me voir plus souvent / ils – pouvoir venir jouer avec moi.

2 Si c'était à refaire … → §7

Juliette discute avec ses grands-parents Martin et Amélie.
S'ils étaient nés cinquante ans plus tard, est-ce que leur vie aurait été la même?

Mettez les verbes au conditionnel passé.

Avoir 20 ans en 1958

1. *Martin:* Si nous avions eu Internet en 1958, on _____ rester à la campagne. J'_____ tellement _____ vivre dans la maison de mon grand-père. On _____ bien mieux, mais on a dû partir en ville à cause du travail. On avait besoin d'argent!

2. *Amélie:* Nous avions déjà une famille en 1958!

3. *Juliette:* Est-ce que tu _____ des études, mamie?

| pouvoir |
| vouloir |
| être |
| |
| faire |

19

4. *Amélie:* Oui, je _____ au lycée. Quand j'étais jeune, mes parents

n'_____ jamais _____ que je fasse des études.

Mais, moi, j'_____ d'être journaliste.

5. *Juliette:* Est-ce vous _____ cinq enfants?

Avoir 20 ans en 2008

6. *Martin:* Nous _____ sûrement _____ plus longtemps après chaque enfant.

7. *Amélie:* Oui. Mais est-ce que nous _____ une vie plus heureuse? Je ne crois pas. En plus, toi, Juliette et tes cousins, vous ne _____ peut-être jamais _____ …

8. *Juliette:* Oui, car nos parents _____ _____.

aller
accepter
rêver
avoir
attendre
vivre
naître
ne pas se rencontrer

3 Interview sur le tournage → §9

Jérôme rêve de devenir journaliste. Il fait un stage au journal *Le monde des stars*. Hier, il a proposé à son chef d'aller faire une interview avec des fans qui regardent le tournage du film *Camping à la ferme*. Le jeune stagiaire[1] a présenté à son chef les questions qu'il voulait poser aux fans.
Voici les questions que Jérôme a préparées:

1. Pourquoi restez-vous toute la journée à regarder le tournage?
2. Qu'est-ce qui vous a intéressé aujourd'hui pendant le tournage?
3. Quelles scènes avez-vous le plus aimées?
4. Combien de scènes de tournage avez-vous déjà vues?
5. A quel tournage de film irez-vous la prochaine fois?
6. Est-ce que vous aimeriez jouer dans un film?

a *Ecrivez maintenant les phrases au discours indirect dans votre cahier.*

Exemple: Jérôme voulait savoir pourquoi …   Continuez.

Mais le chef n'a pas trouvé l'idée de Jérôme intéressante. Le jeune stagiaire raconte la discussion qu'il a eue avec son chef dans un e-mail à son copain Frédéric.

b *Ecrivez les questions du chef de Jérôme au discours direct dans votre cahier. Les* **chiffres** *vous aideront.*

De:	jerome.servenay@orange.fr
A:	fred.dubourg@hotmail.com
Objet:	Mon stage!

Salut Fred,

Comme je te l'avais raconté, j'ai proposé à mon chef une interview. Je lui ai demandé ce qu'il en pensait. Mais il m'a dit que cette idée ne lui plaisait pas trop. Il m'a alors posé beaucoup de questions. Il m'a demandé **1** comment j'avais eu l'idée de lui proposer cette interview avec des fans qui regardent le tournage de *Camping à la ferme* et **2** si je pensais vraiment que ça pouvait intéresser les lecteurs. Il a voulu savoir ensuite **3** pourquoi je ne lui avais pas proposé une interview avec le réalisateur de *Camping à la ferme* et **4** si je n'aurais pas pu avoir un rendez-vous avec lui dans la journée. A la fin, il m'a demandé **5** si j'avais une nouvelle idée à lui proposer. Je lui ai répondu que j'allais y réfléchir …   A bientôt, Jérôme.

---

[1] **un stagiaire / une stagiare** ein Praktikant / eine Praktikantin

4 Un casting → §6

Depuis une semaine, Jean Rigaud, le réalisateur du film *Les folles aventures de Jérémie Pinson* cherche l'acteur qui jouera le rôle principal de son nouveau film. Il est mercredi midi et il a déjà vu beaucoup d'acteurs.
Il discute avec son directeur de casting.

Complétez les phrases en utilisant un pronom démonstratif «celui, celle, ceux, celles» avec «qui, que, dont, où, de, -ci».

Directeur de casting	Jean Rigaud
Exemple: Quel acteur est-ce que tu veux voir maintenant?	Je veux voir _celui qui_ jouera le rôle principal.
1. Lequel préfères-tu?	Je préfère _____ j'ai vu ce matin à 10 heures.
2. C'est vraiment ton choix, à toi?	Non, c'est _____ ma femme.
3. Quelles photos veux-tu regarder maintenant?	Je veux regarder _____ Laurent m'a envoyées par mail ce matin.
4. Sur quelle étagère les as-tu mises?	Je les ai mises sur _____ est dans mon bureau.
5. C'est cet acteur-là qui t'intéresse?	Non, c'est _____ avec une veste rouge qui m'intéresse.
6. Quelle fille doit venir jouer la première scène demain?	_____ porte une casquette bleue.
7. Est-ce qu'il y a des acteurs que tu voudrais encore voir cet après-midi?	Oui, je voudrais encore voir _____ j'ai écrit les noms sur ce papier.
8. J'en ai assez de travailler. Dans quel café est-ce que tu m'emmènes maintenant?	Je t'emmène dans _____ nous sommes allés hier.

5 Vivre à la campagne, quelle barbe!

Vous trouverez l'exercice à la page 74.

6 Ecouter: Etre maire de son village.

Ecoutez le texte deux fois et cochez (kreuzt ... an) la bonne réponse ou les bonnes réponses.

1. Frédéric est devenu maire … pendant qu'il faisait le tour du monde. ☐ quand il a eu ses 21 ans. ☐ après avoir fêté son anniversaire. ☐	2. Pour devenir maire, Frédéric … s'est battu. ☐ n'a rien fait. ☐ a posé sa candidature. ☐
3. Le conseil municipal a élu Frédéric … parce qu'il était le plus beau. ☐ parce qu'il avait le plus de temps. ☐ parce qu'il était le plus jeune. ☐	4. Pour Frédéric, être maire de son village, … c'était un rêve. ☐ c'était une idée de toujours. ☐ ça a été une surprise. ☐
5. Quand il y a des problèmes dans une commune, … les électeurs invitent le maire chez eux. ☐ les habitants critiquent le maire. ☐ le maire doit trouver des solutions. ☐	6. Les habitants du village pensent que Frédéric … va changer la vie de la commune. ☐ devra avoir l'aide des vieux du village. ☐ va continuer ce qu'on a fait avant lui. ☐
7. Pour Frédéric, le plus important, c'est … que son village aide l'Afrique. ☐ que l'école du village ne ferme pas. ☐ que ses électeurs soient contents. ☐	8. Frédéric ne veut pas que son village devienne … une commune trop tranquille. ☐ un lieu où on se promène le dimanche. ☐ un village où il y a trop de bruit. ☐

7 Parler: Et si vous changiez tout?

Tout changer, cela peut être un rêve. Par exemple:

vivre dans un autre pays

vivre à une autre époque

vivre dans la peau de quelqu'un d'autre

vivre sur une autre planète[1]

Mettez-vous à deux et choisissez une des quatre situations.
Justifiez votre choix à votre voisin / voisine.
Celui-ci / celle-ci va présenter ensuite vos arguments à la classe.

---

1 **une planète** ein Planet

8 Lire: Change ta chambre!

Les émissions de déco[1] ont beaucoup de succès sur les chaînes de télé françaises. Sur France 2, le samedi à 17 h 05, Laurent Artufel présente une émission pour les ados. Il s'agit ici de changer toute l'ambiance de leurs chambres.

a Lisez l'interview avec Laurent Artufel.

Laurent Artufel

Avant

Après

Comment se passe une journée de tournage?

Laurent Artufel: Un beau jour, à 7 heures du matin, je viens réveiller un ado dans sa chambre. Je vous laisse imaginer sa surprise quand il ouvre les yeux et qu'il voit arriver toute une équipe télé! On apprend à le connaître et il m'explique pourquoi il se sent mal dans sa chambre. Après, il s'en va et je fais venir un complice[2] (frère, ami, cousin …). Celui-ci va faire un objet que tout le monde peut faire chez soi, et qui fera parti du décor. En fin d'émission, l'ado revient découvrir le résultat.

Quelle est la principale[3] différence avec une autre émission de déco?

Laurent Artufel: Je n'arrive pas avec une équipe d'architectes[4] ou de décorateurs d'intérieur[5] mais avec une équipe de déco qui travaille pour le cinéma ou la télé. Par exemple, la fille qui aime bien l'ambiance indienne va se retrouver avec une chambre Bollywood[6]. Mais ce n'est pas parce que c'est un décor «ciné» que ça tombe le lendemain!

Que pensez-vous de la nouvelle tendance des émissions de déco?

Laurent Artufel: C'est génial, pour une fois que les gens prennent un peu de temps pour embellir[7] leur appartement; si la personne se sent bien chez elle, c'est qu'elle se sent bien dans sa tête. […] Avec *Change ta chambre*, nous sommes plus jeunes, même si j'espère toucher aussi les adultes car nous sommes tous des ados attardés[8]!

Comment était la déco de votre chambre d'ado?

Laurent Artufel: Il y avait une tapisserie[9] que mes parents avaient choisie. Comme je viens de Marseille, on trouvait aussi un grand poster avec les joueurs de l'OM[10] ainsi que plusieurs portraits de Louis de Funès[11], car je suis un grand fan. Je ne me souviens plus de la couleur de ma tapisserie, mais ça devait être très moche! Je pense qu'il vaut mieux oublier!

d'après un propos issus du site www.toutelatele.com
© Toutelatele.com – tous droits réservés

---

1 **une déco(ration)** eine Dekoration – 2 **un complice / une complice** *(hier)* ein Eingeweihter / eine Eingeweihte – 3 **principal / principale** hauptsächlich – 4 **un architecte / une architecte** ein Architekt / eine Architektin – 5 **un décorateur d'intérieur / une décoratrice d'intérieur** ein Innenarchitekt / eine Innenarchitektin – 6 **Bollywood** (*Indiens Filmindustrie in Bombay*) – 7 **embellir qn / qc** jdn. / etw. verschönern – 8 **attardé / attardée** zurückgeblieben – 9 **une tapisserie** eine Tapete – 10 **l'Olympique de Marseille** (*frz. Fußballclub*) – 11 **Louis de Funès** (*frz. Schauspieler und Komiker*) – 12 **se souvenir de qn / qc** sich an jdn. / etw. erinnern

b *Complétez les phrases en cochant la bonne réponse ou les bonnes réponses.*

1. Il faut une journée à l'équipe de la télé pour …
     changer le look de la chambre. ☐
     comprendre l'adolescent. ☐
     trouver des idées de déco. ☐
	2. Les gens de l'émission arrivent chez l'ado …
	     sans prendre rendez-vous. ☐
	     quand on leur écrit. ☐
	     avec un ami ou quelqu'un de sa famille. ☐

3. Laurent Artufel vient avec des …
     réalisateurs de film. ☐
     vrais architectes. ☐
     équipes de déco de cinéma. ☐
	4. L'animateur de la télé promet que …
	     l'ado peut tout jeter à la fin de la journée. ☐
	     le tournage d'un film commencera le lendemain. ☐
	     la chambre gardera sa nouvelle déco plus longtemps que le temps d'un tournage. ☐

5. Le slogan de l'émission pourrait être:
     «Bien dans ta chambre, bien dans ta tête.» ☐
     «Change de chambre et change de tête.» ☐
     «Une nouvelle chambre pour une nouvelle vie.» ☐
	6. Quand il était ado, Laurent Artufel …
	     avait lui-même imaginé la déco de sa chambre. ☐
	     n'avait pas de chambre pour lui. ☐
	     n'avait rien changé dans sa chambre. ☐

c *Ecrivez une lettre à Laurent Artufel. Expliquez d'abord ce que vous n'aimez pas dans votre chambre. Puis, comment vous voudriez qu'elle soit. Ecrivez au moins dix phrases dans votre cahier.*

9 Ecrire: Ce que cachent les chiffres.

La France, championne² d'Europe des bébés³!
Les Français n'ont jamais fait autant⁴ de bébés depuis 30 ans! […] C'est ce qu'indique une étude.
Depuis 10 ans, les femmes font plus d'enfants. Dans les autres pays d'Europe (Italie, Espagne, Allemagne …), c'est le contraire.

Vie plus facile
Le «secret»⁵ français?
On aide les parents à travailler et aussi à s'occuper de leurs enfants: congés payés⁶, école gratuite dès l'âge de deux ans, crèches⁷ …

© Play Bac Presse, Paris

a *Regardez le dessin. Que montre-t-il? Pourquoi est-il drôle? Ecrivez cinq phrases dans votre cahier.*

b *Répondez aux questions dans votre cahier.*

1. A votre avis, pour quelles raisons les Françaises ont-elles plus de bébés que les autres Européennes? Vous pouvez aussi chercher des informations sur Internet.

Ecrivez au moins trois raisons dans votre cahier.

2. A votre avis, est-ce que les Français sont fiers de faire plus de bébés que les autres Européens? Pourquoi?

Expliquez en écrivant au moins trois phrases dans votre cahier.

---

1 un bouchon (*hier*) ein Ohrstöpsel – **2 un champion / une championne** ein Meister / eine Meisterin – **3 un bébé** ein Baby – **4 autant** so viel – **5 un secret** ein Geheimnis – **6 un congé payé** ein bezahlter Urlaub – **7 une crèche** eine (Kinder)Krippe

10 Savoir faire: Un «vidéo-clip»

Voici le début de la chanson de Faudel, *Mon pays*. Dans cette chanson, Faudel raconte que son pays est la France même si sa famille vient d'Algérie.

a *Ecoutez la chanson. Ecrivez une phrase dans votre cahier pour décrire la musique. Puis, lisez les paroles de la chanson. Vous pouvez remarquer que des mots décrivent, d'un côté, le pays d'où vient la famille de Faudel et, de l'autre, le pays où est né le chanteur. Soulignez ces mots avec deux couleurs différentes.*

Je ne connais pas ce soleil
Qui brûle les dunes¹ sans fin
Je ne connais pas d'autre terre
Que celle qui m'a tendu² la main
Et si un jour je pars d'ici
Que je traverse le désert³
Pour aller voir d'où vient ma vie
Dans quelles rues jouait mon père
Moi qui suis né près de Paris
Sous tout ce vent, toute cette pluie
Je n'oublierai jamais mon pays

Et si demain, comme aujourd'hui
Je dois faire le tour de la terre
Pour chanter au monde mes envies
Voyager des années entières
Moi qui suis né tout près d'ici
Même si je quitte mes amis
Je n'oublierai jamais mon pays

Trop de souvenirs gravés⁴
De cours d'écoles et d'étés
Trop d'amour pour oublier
Que c'est ici que je suis né
Trop de temps abandonné⁵
Sur les bancs de ma cité
Trop d'amis pour oublier
Que c'est ici que je suis né …

Mon Pays; Paroles de Frédéric Lebovici;
Musique de Asdorve © ATLETICO MUSIC

b *Imaginez maintenant votre clip vidéo. Que souhaitez-vous montrer? Quelles images pourriez-vous tourner? Essayez de résumer votre clip en cinq phrases dans votre cahier. Faites une liste des personnages et des lieux dans votre cahier.*

c *Faites un tableau dans votre cahier. Pour chaque plan, écrivez qui sont les personnages et ce qu'ils font, où placez-vous la caméra, et quels plans utilisez-vous? Exemple:*

Plans	Personnage(s)	Action	Lieu	Angle
1.				
2.				
3.				

11 Auto-contrôle 1: La dernière chance! → §9

Mettez les phrases au discours indirect et écrivez-les dans votre cahier. Faites attention à la concordance des temps. Commencez comme ça:

<u>Le juge a dit / a demandé aux six jeunes …</u>   Continuez.

Vous trouverez la solution à la page 85.

1. «Je sais que la vie en banlieue n'est pas facile.»
2. «Il est sûr que vous avez fait beaucoup de bêtises.»
3. «Si je le voulais, je pourrais vous mettre en prison.»
4. «N'aviez-vous jamais eu l'idée de changer de vie?»
5. «Le «TIG»⁶ vous fera du bien et un éducateur du centre social vous accompagnera.»
6. «Est-ce que vous avez compris que c'est votre dernière chance?»

---

1 une dune eine Düne – **2 tendre la main à qn** jdm. die Hand reichen – **3 un désert** eine Wüste – **4 gravé / gravée** eingegraben – **5 abandonné / abandonnée** verlassen – **6 un travail d'intérêt général (TIG)** eine gemeinnützige Arbeit

12 Auto-contrôle 2: Si je deviens maire … → §§ 7, 8

Mélanie Duby voudrait bien devenir maire de son village.
Elle écrit une lettre aux électeurs.

*Soulignez la bonne forme des verbes.
Vous trouverez la solution à la page 85.*

1. Depuis que je suis enfant, je ??? de devenir maire comme mon grand-père.

2. Quand il s'occupait de notre commune, il ??? pour l'environnement et l'école.

3. Aujourd'hui, si mon grand-père était encore là, je suis sûre qu'il m' ??? .

4. Je souhaite aujourd'hui devenir maire pour que
   vous ??? fiers de notre commune.

5. Si nous avions suivi l'exemple de mon grand-père, notre village ???
   son école il y a cinq ans.

6. Pendant mes études, quand je rentrais le week-end,
   je trouvais que notre village ??? changer beaucoup plus.

7. Vous verrez que plus de jeunes ??? se marier¹ et habiter dans notre commune.

8. Si je devenais maire de ce village, je ??? ce que j'ai promis.

9. Quand je serai élue, je ??? tout mon temps pour notre village.

rêve
rêvais
rêverais

s'était engagé
s'engageait
s'engagerait

encouragera
encourageait
encouragerait

êtes
soyez
étiez

a gardé
garderait
aurait gardé

devra
doit
devait

viendront
viennent
viendraient

ferai
faisais
ferais

donnerai
donnais
donnerais

Madame le maire au travail

---
1 se marier heiraten

Auto-Evaluation

Auch im fünften Band von *Découvertes* kannst du wieder mithilfe eines Auto-Evaluationsbogens überprüfen, was du neu gelernt hast.
Wie schätzt du deine Fähigkeiten im Umgang mit der französischen Sprache und Kultur zum augenblicklichen Zeitpunkt ein? Kreuze die Ampelfarbe an, die deiner Selbsteinschätzung entspricht. Wenn du dir nicht sicher bist, dann schau dir noch einmal die Übungen und Übersichten an, die in der rechten Spalte aufgeführt sind.

Wenn du häufig die „rote Ampel" angekreuzt hast, dann nimm dir diese Bereiche in den nächsten Wochen noch einmal genauer vor. Mithilfe des Grammatischen Beiheftes, der angegebenen Übungen und der Auto-Contrôle-Übungen schaffst du es sicher, dich in diesen Bereichen zu verbessern. Frage auch deine Lehrerin/ deinen Lehrer, ob sie/er dir Tipps geben kann.

Selbsteinschätzung vom: _____.
Trage hier bitte das Datum ein.

	sehr gut	gut	muss ich noch üben		
	Hören Ich kann …				Übung und Übersichten im …
1	… die Bedeutung gelegentlich vorkommender, unbekannter Wörter aus dem Zusammenhang erschließen und die Bedeutung von Sätzen erschließen, wenn es sich um ein bekanntes Thema handelt.				CdA D 1, Ex. 8
2	… langsam gesungenen Chansons elementare Informationen entnehmen, wenn die Texte nicht durch zu umgangs- oder jugendsprachliches Vokabular verfremdet sind.				SB D 1C, Ex. 3
3	… einem Video-Clip aufgrund der Bild-Text-Kombination wichtige Informationen entnehmen und mich dazu äußern.				SB D 2D, Au-delà du texte
4	… einem *Trailer* für einen Film aufgrund der Bild-Text-Ton-Kombination Informationen zu Zeit, Ort, Handlung und Musikrichtung entnehmen.				SB D 3B, Ex. 3
	Sprechen Ich kann …				
1	… einfache Gedichte verstehen und mich zu elementaren stilistischen Aspekten äußern.				SB D 1D, Autour du texte
2	… einfache Gespräche über mir bekannte Themen dolmetschen.				SB D 1D, Ex. 1
3	… ein Gespräch bzw. eine Diskussion führen, wenn ich das Thema kenne, und dieses mich interessiert.				SB D 2C, Ex. 3
4	… meinen Mitschülern den Inhalt eines Textes strukturiert vortragen, wenn ich ausreichend Zeit zur Vorbereitung habe.				CdA D 2, Ex. 7
5	… über ein Gespräch in indirekter Rede berichten.				SB D 3A, Ex. 3; CdA D 3, Ex. 3
	Lesen Ich kann …				
1	… in einem längeren Text eine von mir benötigte spezifische Information finden, die ich zur Fertigstellung einer Aufgabe benötige.				SB D 1B, Autour du texte

Auto-Evaluation

2	… einfache Texte verstehen, deren Themen sich mit meinen Interessen decken und dabei auch in vielen Fällen Vokabular mithilfe einfacher Erschließungstechniken (andere Fremdsprache, Wortfamilie, Muttersprache, Textzusammenhang) verstehen.	🚦	CdA D 1, Ex. 8
3	… einen kurzen Text schnell durchlesen und dabei die Hauptideen *(sujet, personnages, action)* herausfiltern und dazu auch in einfacher Form Stellung nehmen.	🚦	SB D 1B, Au-delà du texte
	Schreiben Ich kann …		
1	… meine Meinung ausdrücken und eine persönliche Stellungnahme abgeben.	🚦	CdA D 1, Ex. 7
2	… mich zum Inhalt eines Buches äußern und dazu kritisch Stellung nehmen	🚦	CdA D 1, Ex. 7
3	… Verkürzungstechniken wie das *Gérondif* zur stilistischen Verbesserung meiner Texte verwenden.	🚦	SB D 1A, Ex. 2, Ex. 3; CdA D 1, Ex. 6, Ex. 12
4	… aufgrund von Bildimpulsen einfache kleine Geschichten schreiben.	🚦	SB D 1C, Ex. 4
5	… einen Text durch ein kurzes Resümee zusammenfassen.	🚦	CdA D 2, Ex. 8
	Interkulturelles Lernen und Landeskunde Ich kann …		
1	… erklären, was in Frankreich unter *banlieue* zu verstehen ist, und wo die Probleme dieser Stadtteile liegen.	🚦	SB D 2A, Ex. 2, Ex. 3
2	… etwas über die kulturellen Aktivitäten in den Vorstädten Frankreichs berichten.	🚦	SB D 2A, Texte
3	… etwas über den Unterschied zwischen dem Leben auf dem Land und in der Stadt berichten.	🚦	SB D 3A, Texte
	Strategien Ich kann …		
1	… eine *fiche de lecture* (eine stichwortartige Zusammenfassung) eines Textes anfertigen.	🚦	CdA D 1, Ex. 10
2	… eine Gesprächssituation aufrechterhalten, auch wenn mir die genauen Worte fehlen oder wenn ich etwas nicht genau verstanden habe.	🚦	SB D 2C, Ex. 3; CdA D 2, Ex. 8
3	… Aspekte nennen, wie man z. B. einem *Trailer* Informationen über einen Film entnehmen kann.	🚦	SB D 3B, Ex. 3

Schau dir die beiden Seiten noch einmal an: Wähle aus den sechs Bereichen die Einträge aus, die für dich besonders wichtig oder interessant sind. Trage dann deine Auswahl hinten im *Cahier d'activités* auf Seite 82 ein.

DOSSIER 4

La France et l'Allemagne

1 Un coup de téléphone de mamie

Utilisez les pronoms qui conviennent (entsprechen) et complétez.

Exemple: Bonjour Marie. Tu _m'_ entends?	Mais oui, je _t'entends_ bien. Bonjour, mamie.
1. Quand est-ce que tu vas chez ta correspondante Lisa <u>à Hambourg</u>?	J'_____ demain matin.
2. Qu'est-ce que tu vas offrir <u>à Lisa</u>?	Je _____ le nouveau CD de Diam's.
3. Tu connais <u>les parents de Lisa</u>?	Non, je _____ encore.
4. Tu _____ as déjà acheté <u>un petit cadeau</u>?	Non, je _____.
5. Tu me promets de prendre <u>des photos</u>?	Oui, _____. Papa _____ donné son appareil photo.
6. Ne _____ oublie pas. J'aimerais connaître la famille de Lisa.	Mais non. _____ déjà mis dans mon sac à dos.
7. Tu _____ écriras?	Bien sûr, je _____ .
8. *La mère de Marie appelle sa fille:* – Tu peux _____ aider, s'il te plaît.	
9. Qu'est-ce qu'il y a, Marie?	Excuse_____. C'est maman qui _____ appelle.
10. Ah bon. Je _____ laisse. Dis_____ que papi et moi, nous ne pouvons pas venir dimanche prochain _____ rendre visite.	D'accord. Au revoir, mamie.
11. Au revoir et bon voyage! Nous _____ embrassons bien, papi et moi.	Je _____ aussi.

2 Le mien ou le tien? → § 12

Regardez les images et complétez les phrases avec des pronoms possessifs.

Exemple:
Cette voiture,
c'est _la vôtre_ ?

1. Ces chaussures-là,
ce sont _____
_____ ?

2. – C'est la voiture
des Legrand?
– Oui, je pense que
c'est _____ .

3. Eh bien, j'ai donné mon
vélo à Marc. _____
_____ ne marche plus.

4. Ben, c'est vrai, cette
maison est plus belle
que _____
_____ .

5. – Regarde, elle a le
même portable que toi.
– Ah non, _____
_____ est bleu.

6. – C'est ta gomme?
– Non, _____
_____ est rouge.

7. – Mon sac à dos est déjà
dans la voiture.
Où est _____
_____ ?

3 Les correspondants allemands vont bientôt arriver. → § 10

Madame Durand travaille à l'hôtel de ville. Avec ses collègues,
elle prépare l'accueil d'un groupe d'élèves allemands.

*Répondez aux questions et remplacez (ersetzt) les mots soulignés
par des pronoms. Faites attention à leur place s'il y en a deux.*

1. – Marc, tu donneras <u>le plan de la ville</u> <u>aux élèves</u>?
   – Oui, _____ donnerai.

2. – Quand est-ce que les Allemands se présenteront <u>à Monsieur le Maire</u>?
   – Ils _____ mercredi à dix heures.

3. – Marion, tu peux <u>nous</u> traduire <u>leur dernier e-mail</u>?
   – Non, _____ parce que je ne parle pas allemand.

4. – Valérie, tu peux t'occuper <u>du programme</u>?
   – Non, je suis désolée. Je _____ parce que je n'ai pas le temps.

5. – Il y a assez <u>de boissons</u>?
   – Non, _____ .

6. – Ahmed, tu as envie d'accompagner les élèves au musée?

– Oui, _____.

7. – Tu présenteras le groupe au directeur?

– Oui, _____.

8. – Nathalie, tu feras visiter l'hôtel de ville aux professeurs?

– Oui, _____.

4 Comment le leur dire? → §11

Complétez par les deux pronoms qui conviennent (entsprechen).

	Tu peux dire:	**Tu peux aussi utiliser l'impératif**
Exemple: Si tu as besoin du crayon d'un copain, tu lui demandes:	– Tu peux _me le_ donner, s'il te plaît?	– Donne-_le-moi_, s'il te plaît.
1. Si tu ne comprends pas la grammaire, tu demandes au prof:	– Vous pourriez _____ expliquer, s'il vous plaît?	– Expliquez_____, s'il vous plaît.
2. Si tu n'aimes pas parler de tes problèmes, tu dis aux parents:	– Vous ne pouvez pas arrêter de _____ parler tout le temps, s'il vous plaît?	– Ne _____ parlez pas tout le temps, s'il vous plaît.
3. Si ta petite sœur ne veut pas montrer ses dessins à vos voisins, tu lui demandes:	– Tu ne _____ montres pas?	– Montre_____, s'il te plaît.
4. Si tu veux que ta mère vous conduise, toi et ton ami, à la fête du village, tu lui demandes:	– Tu veux bien _____ conduire, s'il te plaît, maman?	– Conduis_____, s'il te plaît, maman.

5 Savoir faire: Une lettre de motivation

a *Relisez la stratégie à la page 46 de votre livre.*

b *Ecrivez la lettre de motivation d'Anna Gebauer en utilisant les informations suivantes et n'oubliez pas la formule de politesse (Höflichkeitsfloskel) d'une lettre officielle.*

Anna Gebauer
Schwabenstraße 4
01235 Senderingen
03 22/5 61 23 10
annage@snafu.de

Objet: candidature stage   WWF-France
188, rue de la Roquette
F-75011 Paris

une annonce, stage au (chez) WWF France, 17 ans, allemande, lycéenne, parler allemand, anglais, français, au lycée matières préférées: mathématiques, sciences naturelles[1]; en plus: atelier d'environnement, participer au projet «Jugend forscht», choisir WWF-France: approfondir les connaissances, profiter linguistiquement, après le bac: faire des études, ingénieur (en) environnement, la candidature intéresser WWF – France, ci-joint CV

---
[1] des sciences naturelles *(f., pl.)* Naturwissenschaften

4

6 Etre assistant d'allemand en France

Vous trouverez l'exercice à la page 75.

7 Parler: A comme Argent de poche

L'argent de poche est un sujet qui intéresse les jeunes des deux côtés du Rhin. Voilà un article d'un journaliste français qui décrit ce que les jeunes Allemands font avec leur argent de poche.

Lisez ce texte et donnez votre avis sur cet article à votre voisin/votre voisine. Discutez (max. trois minutes).
Préparation: cinq minutes.

Les enfants allemands comprennent plus tôt[1] que leurs voisins français qu'il faut travailler pour se faire de l'argent de poche.
Beaucoup reçoivent jusqu'à 100 € mais doivent
5 alors tout payer, même leurs vêtements. Un sondage du journal *Berliner Morgenpost* fait auprès[2] des élèves entre la septième et la dixième classe, montre que près de neuf ados sur dix souhaiteraient recevoir … encore plus d'argent de
10 poche.

© D'après Paris–Berlin N° 20, février 2007

8 Ecrire: Rencontres franco-allemandes

Vous venez de lire l'annonce ci-dessous (untenstehend) dans un prospectus de l'OFAJ.
Vous décidez de participer. Vous répondez à cette annonce dans votre cahier (180 mots environ).

Vous aimez écrire? Vous rêvez de devenir écrivain[3]?
L'OFAJ organise un concours littéraire[4]

«Racontez votre première rencontre franco-allemande»
Racontez comment cette rencontre s'est passée,
ce qu'elle vous a apporté, si elle continue …
Même si vous n'avez pas eu la chance de participer
à un échange, vous pouvez imaginer votre première
rencontre.

Les dix meilleures histoires seront publiées[5].

Pour en savoir plus, écrivez à:
l'OFAJ • 51 rue de l'Amiral-Mouchez • 75013 Paris

---

1 tôt früh – **2 auprès de** bei – **3 un écrivain / une femme écrivain** ein Schriftsteller / eine Schriftstellerin – **4 un concours littéraire** ein literarischer Wettbewerb – **5 être publié(e)** veröffentlicht werden

9 Ecouter: Mieux comprendre les Français

a *Ecoutez les quatre textes une première fois. Puis, cochez (kreuzt ... an) les bonnes réponses.*

	Vrai	Faux	On ne sait pas
1. M. Krug part avec ses élèves à Paris.	☐	☐	☐
M. Krug part avec 25 élèves.	☐	☐	☐
Les élèves font un échange avec un lycée.	☐	☐	☐
M. Krug explique aux jeunes que les Français aiment les échanges.	☐	☐	☐
M. Krug explique aux élèves que les Français réagissent souvent différemment.	☐	☐	☐

2. La première situation que M. Krug décrit, se passe ...
   à la gare où on attend un train. ☐
   dans une voiture qui arrive à un feu rouge[1]. ☐
   à un feu rouge quand on veut traverser une rue. ☐

3. La deuxième situation décrit une personne qui ...
   cherche un café ou un restaurant. ☐
   veut s'asseoir à une table dans un restaurant ou dans un café. ☐
   veut payer ce qu'elle a bu. ☐

4. La troisième situation que M. Krug explique, c'est ...
   une invitation à un dîner[2]. ☐
   une invitation à un petit-déjeuner. ☐
   une invitation à une fête dans la famille de leur correspondant. ☐

b *Ecoutez les textes une deuxième fois. Choisissez parmi les images celles qui correspondent à la réalité (Realität) française.*

---

1 le feu rouge die rote Ampel – **2** un dîner ein Abendessen

10 En français: Une invitation

L'année dernière, Thomas Funke a participé avec son lycée à un échange franco-allemand. Son correspondant, Léo Leroux, lui a proposé de venir le voir avec sa famille. Cette année, la famille Funke a passé ses vacances d'été en France.

La famille Leroux les a invités à dîner[1]. M. et Mme Funke ne parlent pas français, et ils ne veulent surtout pas faire de gaffes. Mme Funke est heureuse de pouvoir demander des conseils à Léo avec l'aide de Thomas.

Prenez le rôle de Thomas qui fait l'interprète.

Frau Funke	Thomas	Léo
Wie du weißt, haben seine Eltern uns um 20 Uhr eingeladen.		
		En France, on peut toujours arriver un peu en retard: un quart d'heure ou vingt minutes.
Was kann man mitbringen? Eine Flasche Wein, Schokolade oder Blumen?		
		Ce n'est pas nécessaire, mais je sais que mes parents adorent les chocolats allemands.
Das ist super. Wir haben Schokolade aus Deutschland mitgebracht.		
		Ils vont être heureux. Mais attention! Quand on apporte des chocolats, les Français les offrent pendant la soirée aux amis. C'est comme ça en France.
Das finde ich interessant. Was ist noch anders?		
		On reste plus longtemps à table qu'en Allemagne: souvent trois ou quatre heures quand il y a des amis. Les Français aiment discuter pendant le dîner.
Die Franzosen trinken doch immer Wein beim Essen. Aber ich trinke doch keinen Wein.		
		Chez nous, on boit aussi de plus en plus de l'eau.

---
1 dîner zu Abendessen

11 Auto-contrôle 1: Questions à la correspondante → §12

Complétez les phrases avec des pronoms possessifs.
Vous trouverez la solution à la page 85.

Exemple: Ma famille est très grande. Et _la tienne_ ? – _La mienne_ n'est pas très grande.
1. – Mes grands-parents habitent dans la même maison que nous. Et _____ ? – _____ ont une maison à la campagne. 2. – Mon père est ingénieur. Et _____ ? – _____ est dessinateur. 3. – Notre maison est en banlieue. Et _____ ? – _____ est au centre ville. 4. – Notre jardin est très petit. _____ aussi? – _____ est aussi très petit. 5. – Mes frères et sœurs aiment beaucoup le sport. _____ aussi? – Je n'ai pas de frères et de sœurs. 6. – Nous passons nos vacances en France. Où est-ce que vous passez _____ ? – _____ ? On les passe souvent en Suisse. 7. – Notre lycée est très grand. _____ aussi? – Oui, _____ est aussi très grand. 8. – Mes copains aiment beaucoup le foot. _____ aussi? – Non, _____ préfèrent le volley.

12 Auto-contrôle 2: On prépare l'échange. → §10

Répondez aux questions et remplacez (ersetzt) les mots soulignés par des pronoms.
Faites attention à la place des pronoms, aux temps et à l'accord du participe passé.
Vous trouverez la solution à la page 85.

1. Tu as écrit <u>la lettre</u> <u>à ton correspondant</u>? – Oui, _____ (écrire) hier. 2. Tu <u>lui</u> as envoyé <u>notre numéro de téléphone</u>? – Bien sûr, _____ (déjà envoyer). 3. Mais il faut que tu envoies aussi <u>le guide de Lyon</u> <u>à ton corresponandant</u>? – Oui, _____ (aller envoyer) dans ma prochaine lettre. 4. Tu as demandé <u>des prospectus de Berlin</u> <u>au père de ton corres</u>? – Non, j'ai oublié de _____ (demander). 5. Est-ce qu'il a parlé <u>de sa famille</u> dans sa dernière lettre? – Non, _____ (ne pas parler). 6. Quand est-ce que votre prof de français <u>vous</u> a parlé <u>de l'échange</u>? – Il _____ (parler) plusieurs fois pendant les derniers cours.

13 Auto-contrôle 3: Dis-le moi! → §11

Répondez aux questions par un impératif et employez dans chaque phrase deux pronoms.
Vous trouverez la solution à la page 85.

1. Non, _____ _____, j'en ai déjà trop bu, merci.
2. Oui, _____ j'en _____. Je l'ai regardé hier soir.
3. Oui, _____, _____ s'il te plaît.
4. Oh oui, _____ _____.

DOSSIER 5

«Do you speak French?»

1 Il y a serpents et serpents.

Relisez le texte du roman «L'enfant noir» de Camara Laye et répondez aux questions. Utilisez une fois «ne… pas encore, ne … rien, rien ne …, ne … jamais, ne … personne, aucun ne … et ne … plus».

1. Le petit garçon, avait-il déjà joué avec un serpent? _____

2. Est-ce que quelque chose lui faisait peur? _____

3. A-t-il montré le premier serpent à quelqu'un? _____

4. Est-ce que sa mère lui avait déjà donné une claque? _____

5. Depuis ce jour-là, le petit garçon s'amusait-il encore avec les serpents? _____

6. Est-ce qu'un autre enfant avait remarqué le deuxième serpent? _____

7. Est-ce que l'enfant a compris quelque chose à l'explication de sa mère? _____

2 L'anniversaire d'Aminata → §15

Regardez les images et faites des phrases avec «ne … ni … ni, ni … ni … ne et ne … que».

grand-père / grand-mère – venir

Exemple: Aminata a invité toute la famille, mais *ni son grand-père ni sa grand-mère ne sont venus.*

en avoir deux

Elle a espéré recevoir beaucoup de cadeaux, mais elle _____

être – long/noir

Depuis longtemps, elle rêvait d'une robe élégante, mais celle-ci _____

4	5	6
trouver – papier	père/mère – montrer des réactions	il y avoir – bougies/crème chantilly
Aminata aurait tellement aimé avoir un nouveau portable, mais dans le deuxième paquet elle _____ _____	Elle a essayé de lire dans les visages de ses parents, mais _____ _____	Sur le gâteau que son frère a apporté, _____ _____ mais le nouveau portable: Aminata était heureuse!

3 Emma et le vieil homme → § 14

a *Soulignez les neuf verbes au passé simple dans le texte suivant.*

Au Rwanda[1], Emma a perdu toute sa famille,
tuée pendant le génocide[2] de 1994.

[…] Emma passait en revue[3] les bonnes raisons qui l'avaient menée jusqu'ici,
quand le vieil homme fit son apparition[4].
– Bonjour Emma. Je suis content que tu sois venue.
Il était imposant[5] dans son costume clair. «Il doit être très fort», se dit la jeune
5 fille sans raison.
Il fut près d'elle en deux enjambées[6], posa ses mains sur ses épaules […]:
– Tout va bien se passer, je te le promets.
Le vieil homme l'emmena dans son bureau, elle prit place sur une chaise en
métal[7], grise comme presque tout le reste dans la pièce. Il s'assit […]. Cependant
10 le vieux n'avait pas menti, tout se passa bien. Il parla beaucoup. […]

Elisabeth Combres, La Mémoire trouée, Scripto © Gallimard Jeunesse.

b *Ecrivez les formes au passé simple dans le tableau et mettez-les au passé composé.*

passé simple	passé composé	passé simple	passé composé	passé simple	passé composé
1. _____	_____	4. _____	_____	7. _____	_____
2. _____	_____	5. _____	_____	8. _____	_____
3. _____	_____	6. _____	_____	9. _____	_____

1 le Rwanda Ruanda *(Staat in Zentralafrika)* – **2 un génocide** ein Völkermord – **3 passer qc en revue** etw. durchgehen – **4 faire une apparition** erscheinen – **5 imposant / imposante** stattlich – **6 une enjambée** ein großer Schritt – **7 un métal** ein Metall

4 Si on pouvait encore poser des questions à Léopold Sédar Senghor. → § 13

Complétez les questions qu'une classe allemande aurait posées à Léopold Sédar Senghor s'il était encore vivant (lebendig) et auxquelles il aurait pu donner les réponses suivantes. Utilisez «lequel, laquelle, lesquels, lesquelles» et «quoi» sans ou avec une préposition.

Les élèves allemands	Léopold Sédar Senghor
Exemple: 1. **Lequel** des pays africains vous plaît le plus?	J'avoue que c'est le Mali!
2. _____ des langues parlées dans le monde trouvez-vous la plus belle?	C'est la langue française, bien sûr.
3. _____ pensez-vous quand vous entendez le mot «francophonie»?	Je pense à la communauté des pays dans lesquels on parle le français.
4. _____ avez-vous peur?	J'ai peur de l'anglais qui pourrait devenir la langue la plus importante dans le monde.
5. _____ de vos amis pouviez-vous compter le plus quand vous étiez président?	Je pouvais surtout compter sur le président français Georges Pompidou et Aimé Césaire[1].
6. Parmi toutes les médailles que vous avec reçues, _____ vous ont touché le plus?	Ce sont «La médaille d'or de la langue française[2]» et la «Croix de la légion d'honneur[3]».
7. _____ de vos poèmes parlez-vous des femmes en Afrique.	J'en parle par exemple dans «La femme noire».

5 Découvrir la Réunion

Vous trouverez l'exercice à la page 76.

La Réunion: le parc national

6 Ecouter: Léopoldine, le français et l'arbre à palabres[4]

a *Ecoutez le texte. Puis, répondez aux questions. Ecrivez dans votre cahier.*

1. Qui est Léopoldine?
2. De quel pays vient-elle?
3. Qu'est-ce qui lui manque quand elle est en France?
4. Pourquoi Léopoldine porte-t-elle ce prénom?
5. Quelle était la réaction des enfants à la rentrée quand ils ont vu Léopoldine pour la première fois?
6. Que fait la prof de français une fois par mois avec ses élèves?
7. Qu'est-ce que la francophonie pour Léopoldine?

---
1 Aimé Césaire *(franz. Dichter und Politiker, *1913)* – **2 la médaille d'or de la langue française** *(frankophoner Literaturpreis)* – **3 la croix de la légion d'honneur** das Kreuz der Ehrenlegion – **4 un arbre à palabres** *(Baum, unter dem sich in Afrika die verschiedenen Generationen eines Dorfes zum Diskutieren treffen)*

b *Ecoutez une deuxième fois le texte. Puis, lisez les trois portraits de Léopoldine. Lequel est le bon?*

| 1. A Dakar, Léopoldine est une prof de français que tout le monde aime. Elle a d'abord fait ses études en France, puis a longtemps travaillé à Lille, mais elle est finalement rentrée en France. Sa grand-mère lui manquait trop. Les élèves l'aiment bien parce qu'elle les emmène souvent travailler à la plage ou sous les arbres. | 2. Léopoldine est née à Dakar, mais a surtout vécu en France. Elle n'a pourtant rien oublié de la culture de son pays. Au début, pour les élèves, c'était une surprise d'avoir une prof africaine. Maintenant, ils se sont habitués et l'aiment bien, car ils ne s'ennuient[1] jamais pendant son cours. Grâce à elle, ils adorent le français. Elle a même inventé un «arbre à palabres» au CDI. | 3. Du Sénégal, Léopoldine ne connaît rien, car elle a toujours habité en France. Toute sa famille vit à Lille depuis toujours, même sa vieille grand-mère. Elle n'a été à Dakar qu'une seule fois. C'était au mariage d'une cousine de sa mère. Ses élèves l'aiment bien, car elle n'est pas une prof comme les autres: elle les emmène souvent au cinéma et au théâtre. |

7 Ecrire: Journée internationale de la Francophonie

Depuis 1988, le 20 mars est la Journée internationale de la Francophonie. Dans plusieurs pays francophones, en Suisse, en Belgique ou au Canada[2], mais aussi dans des pays où le français n'est pas la langue officielle, comme la Chine[3], beaucoup de manifestations sont organisées autour de la langue française: des dictées[4], des soirées cinéma ou théâtre, des concerts, des rencontres avec des écrivains[5], etc. Au Québec[6], par exemple, pendant trois semaines chaque année, tout le monde peut participer à des jeux et à des concours.

a *Regardez l'affiche de la Journée internationale de la Francophonie en 2007. Comment comprenez-vous le slogan «Vivre ensemble, différents»? Ecrivez cinq phrases.*

b *A votre avis, est-ce qu'une Journée internationale de la Francophonie est vraiment utile? Pourquoi? Ecrivez dix phrases.*

8 Lire: Une histoire africaine

a *Lisez le texte.*

En Guinée[7], Bandian rêve de jouer au foot et peut-être même de devenir «ballon d'or», le meilleur footballeur du monde. Mais pour jouer au foot, il faut un ballon et, dans ce pays d'Afrique, les enfants n'en ont pas toujours. Isabelle, une femme médecin, en offre un vrai à Bandian. Grâce à
5 elle, le garçon joue et il joue si bien qu'il entre dans une école de football. Plus tard, un club français le remarque. Bandian part pour la France.

Isabelle arriva. Elle embrassa Bandian et lui remit[8] une enveloppe[9].
– Bandian, dans cette enveloppe, tu as l'adresse et le numéro de téléphone de ma mère et de mon père. Ils habitent Grenoble, c'est une ville qui n'est pas très loin
10 de Saint-Etienne. Si tu as un problème ou seulement des soucis[10], tu téléphones à ma mère. Elle te connaît déjà, je lui ai parlé de toi. Promis?
– Promis.
Isabelle partit. Elle se retourna quatre fois avant de quitter l'aéroport[11]. Vers vingt heures, Karim arriva, avec tous les élèves de l'école. Ce fut un moment de joie, de grande joie. Un peu
15 avant que Bandian ne franchisse[12] le contrôle de police pour aller jusqu'à la salle d'embarquement[13], Touré s'approcha de lui et lui dit:

---

1 **s'ennuyer** sich langweilen – 2 **le Canada** Kanada – 3 **la Chine** China – 4 **une dictée** ein Diktat – 5 **un écrivain / une femme écrivain** ein Schriftsteller / eine Schriftstellerin – 6 **le Québec** Quebec *(kanadische Provinz)* – 7 **la Guinée** Guinea *(Staat in Nordwestafrika)* – 8 **remettre qc à qn** jdm. etw. überreichen – 9 **une enveloppe** ein (Brief)Umschlag – 10 **un souci** eine Sorge – 11 **un aéroport** ein Flughafen – 12 **franchir qc** etw. überschreiten – 13 **une salle d'embarquement** ein Warteraum

5

– A l'année prochaine … j'ai signé. Je commencerai la saison avec une équipe française, en Bretagne: l'équipe de Guingamp[1].
Bandian avait dit au revoir à tout le monde. C'est Bouba qu'il serra le dernier sur son cœur.
20 – Bouba …
– Petit frère, envole-toi[2] et, là-bas, à Saint-Etienne, si tu retombes, ne regarde pas l'endroit[3] où tu es tombé, regarde seulement où tu te seras cogné[4]. Au revoir.
Bandian les quitta tous. Il avait le cœur gros, gros comme un ballon d'or, quand l'hôtesse[5] d'Air France lui sourit en lui indiquant sa place dans l'avion.
25

Yves Pinguilly, *Le ballon d'or*, Romans © Rageot-Editeur.

b *Vrai (V), faux (F) ou on ne sait pas (ONSP)? Si la phrase est fausse, corrigez-la (korrigiert ihn).*

	V	F	ONSP	
1. Bandian a de la famille en France.	☐	☐	☐	_____
2. S'il a un problème, personne ne pourra l'aider.	☐	☐	☐	_____
3. Il est très heureux de retrouver à l'aéroport ses copains de l'école de football.	☐	☐	☐	_____
4. Touré ira, lui aussi, jouer au football dans un club français.	☐	☐	☐	_____
5. Bouba lui demande de rester dans son pays.	☐	☐	☐	_____

c *Comment comprenez-vous cette phrase «Bandian avait le cœur gros, gros comme un ballon d'or»? Ecrivez deux ou trois phrases dans votre cahier.*

9 Savoir faire: Rechercher et présenter un exposé

a *Renseignez-vous sur la vie de Léopold Sédar Senghor. Utilisez un moteur de recherche ou une encyclopédie (Lexikon), par exemple http://fr.wikipedia.org.*
Cochez (Kreuzt … an) les bonnes réponses.

1. Senghor est né …		2. Il a …	
en France … ☐	en 1906. ☐	un prénom.	☐
au Sénégal … ☐	en 1943. ☐	deux prénoms.	☐
au Mali … ☐	en 1960. ☐	deux noms de famille.	☐
3. Pendant la Seconde Guerre mondiale, il devient …		4. Senghor a été président du Sénégal …	
prisonnier[6] des Anglais.	☐	pendant 7 ans.	☐
prisonnier des Allemands.	☐	pendant 14 ans.	☐
prisonnier des Français.	☐	pendant 20 ans.	☐

---

1 Guingamp [gɛ̃gɑ̃] *(Kleinstadt in der Bretagne)* – **2 s'envoler** wegfliegen – **3 un endroit** ein Ort – **4 se cogner** Anstoß nehmen – **5 une hôtesse** eine Stewardess – **6 un prisonnier / une prisonnière** ein Gefangener / eine Gefangene

5. Il a créé le mot … «francophonie». ☐ «négritude». ☐ «africanissimo». ☐	6. Ses premiers poèmes ont paru sous le nom de … «Chants d'ombre». ☐ «Nocturnes». ☐ «La poésie de l'action». ☐
7. En 1984, l'Académie française … accepte pour la première fois un Africain. ☐ lui donne la nationalité française. ☐ commence à s'intéresser à la politique africaine. ☐	8. Senghor meurt à l'âge de … 84 ans. ☐ 90 ans. ☐ 95 ans. ☐

b *Formez sept groupes. Chaque groupe choisit un pays francophone et prépare une petite présentation de ce pays (géographie, histoire, rôle du français, etc.). Cherchez des informations dans une encyclopédie (Lexikon) ou sur Internet.*

Groupe 1: le Sénégal	Groupe 2: la Côte d'Ivoire	Groupe 3: le Mali	Groupe 4: la Haute-Guinée	Groupe 5: la Suisse	Groupe 6: la Belgique	Groupe 7: l'Algérie

10 Auto-contrôle: Amadou et Mariam – un couple très différent → §15

Mettez-vous à la place de Mariam et racontez. Les mots allemands à droite vous aideront. Vous trouverez la solution à la page 85.

Amadou	Mariam	
Exemple: Je suis né en 1954.	*Je ne suis née qu'en 1958.*	(erst = nur)
1. Avant de faire de la musique avec Mariam, j'ai joué dans plusieurs groupes.	Je n'ai _____	(nie)
2. Je joue de la flûte et de la guitare.	_____	(weder … noch)
3. Tout le monde dans ma famille a cru qu'un jour j'allais être connu.	_____	(niemand)
4. Mon père et ma mère m'ont aidé à devenir une star.	_____	(weder … noch)
5. Il y a plusieurs choses qui sont importantes dans la vie: la famille, l'amour, les amis, le succès …	_____ trouver la personne avec qui on est bien.	(nur)
6. J'aime le sport et la montagne.	_____	(weder … noch)

Auto-Evaluation

Nach dem fünften Dossier kannst du nun wieder mithilfe eines Auto-Evaluationsbogens überprüfen, was du in der Zwischenzeit gelernt hast.

Wie schätzt du deine Fähigkeiten im Umgang mit der französischen Sprache und Kultur zum augenblicklichen Zeitpunkt ein? Kreuze die Ampelfarbe an, die deiner Selbsteinschätzung entspricht. Wenn du dir nicht ganz sicher bist, dann schaue dir noch einmal die Übungen und Übersichten an, die in der rechten Spalte aufgeführt sind.

Wenn du häufig die „rote Ampel" angekreuzt hast, dann nimm dir diese Bereiche in den nächsten Wochen noch einmal genauer vor. Mithilfe des Grammatischen Beiheftes, der angegebenen Übungen und der Auto-Contrôle-Übungen schaffst du es sicher, dich auch in diesen Bereichen zu verbessern. Frage auch deine Lehrerin/deinen Lehrer, ob sie/er dir Tipps geben kann.

Selbsteinschätzung vom: _____.
Trage hier bitte das Datum ein.

sehr gut — gut — muss ich noch üben

	Hören Ich kann …		Übung und Übersichten im …
1	die wesentlichen Informationen aus Hörtexten entnehmen, die interkulturelle Alltagsthemen behandeln, und diese entsprechenden Bildern zuordnen.		CdA D 4, Ex. 9
2	Aussagen von Zeitzeugen verstehen, wenn es um ein Thema geht, das mir vertraut ist und insgesamt nicht zu schnell gesprochen wird.		SB D 4, Auftakt
3	frankophone Sprecher verstehen, wenn ihre Texte nicht zu stark vom Standardfranzösischen abweichen.		SB D 5, Auftakt
4	dem Vortrag eines Gedichtes folgen und ihm wesentliche Informationen entnehmen.		SB D 5, Texte A
5	einen längeren Hörtext über ein interessantes Thema trotz einiger unbekannter Vokabeln verstehen, wenn er deutlich gesprochen und die Standardsprache verwendet wird.		CdA D 5, Ex. 6
	Sprechen Ich kann …		
1	über deutsch-französische Klischees diskutieren und meine Meinung dazu äußern.		SB D 4A, Au-delà du texte
2	meine Meinung zur deutsch-französischen Partnerschaft sagen.		SB D 4C, Au-delà du texte
3	über Umfragen und ihre Ergebnisse sachgerecht sprechen, wenn mir das Thema bekannt ist.		SB D 4D, Ex. 3
4	zu einem Zitat Stellung nehmen, wenn mir das Thema vertraut ist.		SB D 5A, Au-delà du texte
5	Redewendungen anwenden, mit denen ich in angemessener Weise über ein Chanson sprechen kann.		SB D 5C, Autour du texte

Auto-Evaluation

	Lesen Ich kann …		
1	in einem längeren Text eine von mir benötigte spezifische Information finden.	🚦	SB D 5B, Autour du texte
2	den Auszug eines Comics verstehen, dessen Thema mich interessiert, und dabei auch unbekanntes Vokabular anhand der Bilder und des Kontextes erschließen.	🚦	SB D 5, Texte D
3	einen Originalauszug aus einem Roman lesen und diesem die wesentlichen Informationen entnehmen, wenn einige Worthilfen gegeben werden.	🚦	CdA D 5, Ex. 8
	Schreiben Ich kann …		
1	Personen beschreiben und charakterisieren.	🚦	SB D 4A, Autour du texte
2	über ein Filmfestival berichten.	🚦	SB D 4B, Au-delà du texte
3	auf der Basis eines vorgegebenen und mir vertrauten Themas eine persönliche Geschichte schreiben.	🚦	CdA D 4, Ex. 8
4	meine Meinung zu einem mir bekanntem Sachthema schriftlich äußern.	🚦	CdA D 5, Ex. 7
	Interkulturelles Lernen und Landeskunde Ich kann …		
1	über die Entwicklung des deutsch-französischen Verhältnisses informieren und über deutsch-französische Institutionen und Partnerschaften aus verschiedensten Lebensbereichen berichten.	🚦	SB D 4B, Ex. 1, Ex. 2
2	interkulturelle Verschiedenheiten zwischen Deutschland und Frankreich benennen.	🚦	SB D 4A, Texte; CdA D 4, Ex. 9, Ex. 10
3	wesentliche Informationen zur Geschichte und zum aktuellen Stand der *francophonie* geben.	🚦	SB D 5C, Ex. 1; CdA D 5, Ex. 4, Ex. 6, Ex. 7
	Strategien Ich kann …		
1	gezielt im Internet auf französischsprachigen Seiten oder in einem Lexikon nach Informationen suchen.	🚦	CdA D 5, Ex. 9
2	mit verschiedenen Zahlenangaben aus Statistiken bzw. Grafiken umgehen.	🚦	SB D 4B, Ex. 2
3	in angemessener Weise Form, Inhalt und Ausdruck eines Chansons beschreiben, wenn mir neben der Musik auch der Text zu Verfügung steht.	🚦	SB D 5C, Autour du texte

Schau dir die beiden Seiten noch einmal an: Wähle aus den sechs Bereichen die Einträge aus, die für dich besonders wichtig oder interessant sind. Trage dann deine Auswahl hinten im Cahier d'activités auf Seite 83 ein.

[A la carte 1]

Accro de l'info

1 Nous sommes allées au cybercafé¹.

Complétez le texte, mettez les verbes au passé composé et faites attention à l'accord du participe passé.

1. *Mère:* Alors, qu'est-ce que vous avez ___avez fait___ (faire) aujourd'hui?

2. *Fannie:* Florence et moi, nous _____ (rencontrer) des copines et nous _____ (aller) au cybercafé.

3. *Fannie:* Et toi, tu _____ (aller) chez le coiffeur? 4. *Mère:* Non, je _____ (rester) à la maison. J'_____ (ranger) les affaires que tu _____ (laisser, *plus-que-parfait*) partout.

5. *Fannie:* Excuse-moi, je les _____ (oublier) avant de partir. 6. *Mère:* Et tes devoirs, tu les _____ (oublier) aussi? 7. *Fannie:* Pas du tout. Je les _____ (faire) tout de suite après l'école. 8. *Mère:* Mais qu'est-ce que vous _____ (faire) au cybercafé?

9. *Fannie:* D'abord, nous _____ (être) sur plusieurs sites. Puis, nous _____ (s'amuser) avec des jeux que nous _____ (trouver) sur Internet. 10. *Mère:* Mais vous _____ (ne pas rester) tout l'après-midi au cybercafé? 11. *Fannie:* Non, Pablo et Grégory _____ (venir) et nous _____ (aller) ensemble à la médiathèque.

2 Au musée → § 18

Lisez les réponses des gardiens de musée (Museumswächter) et trouvez les questions que la police leur a posées.
Utilisez «combien de … ou quel/quelle/quels/quelles». Attention à l'accord des participes. Ecrivez dans votre cahier.

Exemple: Nous avons trouvé des traces. → Quelles traces est-ce que vous avez trouvées?   Continuez.

---
1 un cybercafé ein Internetcafé – **2 précieux / précieuse** kostbar

3 En français: Scènes de tous les jours → § 17

Traduisez les bulles en français. Faites attention à la traduction du passif allemand.

_____   _____

_____   _____

_____   _____
_____   _____
_____   _____

4 Après le déménagement → § 19

C1

5 **C'est la solution que je cherche.** → § 20

Répondez aux questions et écrivez-les dans votre cahier. Servez-vous de «c'est … qui ou c'est … que».

1. Julien cherche des informations dans un journal?

2. Les jeunes s'intéressent aux questions sociales?

3. Qui n'intéresse pas ce jeune homme?

4. Où est-ce qu'on trouve des émissions en français?

5. Qu'est-ce que Max préfère? Le cinéma ou la télé?

6. Qui a aidé ce jeune à installer son blog? Son frère ou ses copains?

6 **Pour parler des moyens de communication.**

Regardez le vocabulaire à la page 60 de votre livre et cherchez les mots qui conviennent (entsprechen) aux explications.

C'est un journal qui paraît tous les jours.	1. C'est une émission à la télévision où discutent plusieurs personnes.	2. C'est la personne qui regarde une émission à la télévision.	3. C'est quelqu'un qui présente une émission à la télévision.
Exemple: un quotidien	_____	_____	_____
4. Le fait de changer très vite d'émissions à la télévision (= un verbe).	5. Comment est-ce qu'on appelle les films où on parle p. ex. de la pêche en Bretagne?	6. C'est une page dans un journal où les lecteurs peuvent écrire leur avis sur un article du journal.	7. C'est un journal qui paraît une fois par semaine.
_____	_____	_____	_____
8. Qu'est-ce qu'on fait quand on communique sur Internet avec des personnes qu'on ne connaît pas?	9. Comment est-ce qu'on appelle une lettre qu'on envoie par Internet?	10. C'est un film où un inspecteur[1] cherche p. ex. un voleur.	11. C'est une entreprise qui publie des livres.
_____	_____	_____	_____

---

[1] **un inspecteur / une inspectrice** ein Inspektor / eine Inspektorin

7 Ecrire: On a changé, pas vrai?

Les récrés se calment

En 5ème, ça courait encore dans tous les coins: «Là, se souvient **Alice**, Priscilla venait de lancer un gant de caoutchouc plein d'eau sur Maxime!» En 3ème, ce genre de comportement est considéré comme «gamin». Les ados préfèrent se retrouver sur un banc pour causer. Côté look, ce sont les filles qui ont le plus évolué: le maquillage fait son entrée en force, les vêtements se différencient, des accessoires apparaissent mais certaines lunettes ont disparu (vive les lentilles!).

Texte de François Descombes © OKAPI, Bayard Jeunesse, 2007

a *Lisez le petit texte et regardez les photos. Qu'est-ce qui a changé dans la vie de ces adolescents? Ecrivez quatre phrases.*

b *Ecrivez un petit texte (100 mots). Qu'est-ce qui a changé dans votre vie d'élève depuis la 5ème?*

8 Parler: Toi et les jeux vidéo

Les jeunes aiment beaucoup les jeux vidéo. Vous aussi?
Okapi veut connaître vos habitudes.
– Quel est votre jeu vidéo préféré?
– Combien de temps est-ce que vous passez devant votre console[1]?
– Vous jouez plutôt seul ou avec des copains et des copines?
– Ou est-ce que vous êtes plutôt accro aux jeux en réseaux[2]? Pourquoi?

a *Préparez un petit exposé sur vos expériences avec les jeux vidéo (trois minutes) et présentez-le à votre voisin/voisine. Vous avez cinq minutes pour le préparer. Prenez des notes.*

b *Vous avez cinq minutes pour discuter la question ci-dessous avec votre voisin/voisine. Justifiez votre avis en présentant des arguments.*

«Les jeux vidéo, on les aime ou on les déteste. Et quel est votre avis?»

---

1 **une console** eine Spielkonsole – 2 **un jeu en réseau** ein Online-Spiel

9 Savoir faire: Se préparer pour l'examen du DELF.

In der mündlichen DELF-Prüfung müsst ihr sehr spontan auf die Fragen und Bemerkungen des Prüfers reagieren. Wie reagiert ihr sprachlich auf folgende Situationen?

a *Sucht die richtige Formulierung aus dem Pool heraus und schreibt sie in den jeweiligen Kasten. Nutzt später die Aufzeichnung, um euch auf die Prüfung vorzubereiten. Arbeitet zu zweit und hört euch gegenseitig die Redemittel ab.*

Je ne comprends pas le mot XXX. Qu'est-ce que cela veut dire?	Je ne comprends pas la question. Est-ce que vous pourriez me l'expliquer s'il vous plaît?	Attendez une seconde s'il vous plaît. Il me faut un petit moment pour réfléchir à cette question.	Pourriez-vous répéter votre question s'il vous plaît?
Excusez-moi, mais ce sujet, je ne m'y connais pas très bien.	Je ne me souviens plus du mot. Mais je vais essayer de l'expliquer.	Je ne suis pas sûr(e), mais je crois que …	Vous parlez trop vite. Pourriez-vous parler un peu plus lentement s'il vous plaît?

1. Der Prüfer benutzt ein Wort, das du nicht verstehst.	
2. Du bittest den Prüfer, die Frage noch einmal zu wiederholen.	
3. Du erinnerst dich nicht an ein Wort, das aber wichtig für deinen Gedankengang ist. Du sagst dem Prüfer, dass du es anders ausdrücken willst.	
4. Du möchtest einen Augenblick über die Frage nachdenken, bevor du antwortest.	
5. Der Prüfer spricht zu schnell. Du bittest ihn, etwas langsamer zu sprechen.	
6. Du verstehst die Frage des Prüfers inhaltlich nicht. Du bittest ihn, dir die Frage zu erklären.	
7. Du bist dir nicht sicher, aber du glaubst, dass …	
8. Du sagst dem Prüfer, dass du dich in diesem Thema nicht gut auskennst.	

b *Hier sind wichtige Ausdrücke, um das Gespräch mit dem Prüfer nicht stocken zu lassen. Im Pool findet ihr die entsprechenden Ausdrücke. Ordnet sie zu.*

Je trouve que …	Je suis d'accord avec vous.	Je ne suis pas d'accord avec vous.
Je suis convaincu(e) que …	C'est tout nouveau pour moi.	Je suis d'accord avec vous.
Je ne suis pas sûr(e), mais …	A mon avis …	A mon avis, il est important que …
Ce qui m'intéresse, c'est …	C'est pourquoi …	Peut-être, mais …
Je ne suis ni pour ni contre.	Tout ce que je peux dire, c'est que …	

1. Meiner Meinung nach …		2. Ich finde, dass …	
3. Ich teile Ihre Meinung nicht.		4. Ich bin Ihrer Meinung.	
5. Ich stimme Ihnen zu.		6. Ich bin nicht sicher, aber …	
7. Meiner Meinung nach ist es wichtig, dass …		8. Ich bin überzeugt, dass …	
9. Was mich interessiert, ist …		10. Aus diesem Grunde …	
11. Das ist ganz neu für mich.		12. Vielleicht, aber …	
13. Alles, was ich sagen kann, ist dass …		14. Ich bin weder dafür noch dagegen.	

10 Grâce au français, on comprend l'italien.

M. et Mme Doumerg aiment l'Italie. Ils veulent y passer un week-end tranquille et pas cher dans la nature. Ils ne sont pas très sportifs. Sur Internet, Mme Doumerg trouve trois annonces.

Dites quel hôtel ils vont finalement choisir. Cochez (Kreuzt … an) la bonne réponse et expliquez pourquoi.

1
WEEK END TRA NATURA E SAPORI TRA RELAX E PISCINA CON SOLARIUM
Loc: FABRO-CITTA' DELLA PIEVE-UMBRIA

WEEK END NELLA NATURA UMBRA, RISTORANTE TIPICO UMBRO, CAMERE IN STILE, PISCINA CON SOLARIUM, SOGGIORNI E FINE SETTIMANE PERSONALIZZATI, IN B&B, IN MEZZA PENSIONE
Prezzo da € 39

Les Doumerg choisissent ☐ / ne choisissent pas ☐ cet hôtel parce que _____

2
ALTERNATIVO WEEK-END IN MUSICA IN UMBRIA
Loc: BELFIORE

Per quanti amano la musica (rock, blues, grunge, jazz) il B&B Belfiore organizza week-ends all'insegna del sound per divertirsi insieme.
Prezzo da € 120

Ils choisissent ☐ / ne choisissent pas ☐ cet hôtel parce qu'_____

3
CANYONING LAGO MAGGIORE
Loc: STRESA

OFFERTA PER UN MINIMO DI 4 PERSONE AL PREZZO SPECIALE DI 160 EURO PER PERSONA: TRATTAMENTO IN B&B A STRESA FRONTE LAGO + ESCURSIONE CANYONING CON GUIDA ALPINA
Prezzo da € 160

Ils choisissent ☐ / ne choisissent pas ☐ cet hôtel parce _____

© http://www.viagginrete.it

11 Ecouter: Une information de France Info

a *Regardez les noms des chaînes internationales.*

b *Ecoutez le texte et cochez (kreuzt … an) les bonnes réponses ou écrivez l'information demandée.*

1. Le titre de l'information, c'est … 　une chaîne internationale: France 24. ☐ 　France 24: une chaîne internationale. ☐ 　une nouvelle chaîne internationale: 　France 24. ☐	2. La chaîne s'adresse[1] aux spectateurs internationaux. 　vrai ☐ 　faux ☐ 　on ne sait pas ☐
3. France 24 émet[2] … 　sur Internet, sur le câble[3] et sur le satellite[4]. ☐ 　sur Internet et sur le câble. ☐ 　sur Internet et sur le satellite. ☐	4. Il y a des émissions en quatre langues. Lesquelles? 　_____ 　_____
5. Combien de journalistes travaillent pour la chaîne France 24? 　380 ☐ 　170 ☐ 　30 ☐	6. Toutes les heures, il y a un journal télévisé de quinze minutes. 　vrai ☐ 　faux ☐ 　on ne sait pas ☐
7. Au programme, il y a des émissions sur le sport, sur les sciences, sur … 　_____ 　_____	8. 75 % des Français interrogés croient que … 　la nouvelle chaîne est 　très utile mais pas nécessaire. ☐ 　ni utile ni nécessaire. ☐ 　très utile et nécessaire. ☐

12 Auto-contrôle 1: Questions à une super star → § 18

Posez des questions et écrivez-les dans votre cahier.
Utilisez «combien de … (c) et quel / quelle / quels / quelles (q)».
Faites attention à l'accord du participe passé.
Vous trouverez les solutions à la page 85.

1. Tu as acheté des jeans hier. (c)
2. Tu as chanté des chansons à Paris. (q)
3. Tu as déjà cassé un instrument. (q)
4. On a vendu des CD de ton dernier album. (c)
5. Tu as regardé un film à la télé, hier soir. (q)
6. Tu as écrit des lettres de candidature. (c)

13 Auto-contrôle 2: Dites-le en français. → § 17

Traduisez les phrases et écrivez-les dans votre cahier.
Vous trouverez les solutions à la page 85.

1. In der Schweiz werden vier Sprachen gesprochen.
2. In Großbritannien wird links gefahren.
3. Er ist wütend, weil er belogen worden ist.
4. Das macht man nicht.
5. Das Wort „Kanzlerin" wird auf Französisch mit (par) „chancelière" übersetzt.

---
1 s'adresser à qn sich an jdn. wenden – **2 émettre qc** etw. senden – **3 un câble** ein Kabel – **4 un satellite** ein Satellit

14 Auto-contrôle 3: Le repas d'anniversaire de Nils → § 20

Nils parle de son anniversaire.

Utilisez «c'est … / ce sont … qui / que».
Vous trouverez les solutions à la page 85.

1. J'aime <u>les bons plats</u>.	*Exemple:* 1. Ce sont/c'est les bons plats que j'aime.
2. <u>Le jour</u> de mon anniversaire Marc m'a téléphoné:	2. _____
3. «<u>Nous</u> t'invitons à passer chez nous.	3. _____
4. On veut te faire <u>une surprise</u>.	4. _____
5. <u>Marie et Zoé</u> ont eu cette idée.»	5. _____
6. Je suis allé chez eux <u>à vélo</u>.	6. _____
7. J'y suis arrivé <u>à midi</u>.	7. _____
8. Je suis tout de suite entré <u>dans leur cuisine</u>.	8. _____
9. Quelle bonne surprise: ils étaient en train de préparer <u>un cassoulet</u>.	9. _____

15 Auto-contrôle 4: Mme Sellier → § 19

a *Racontez l'histoire de Mme Sellier au passé composé.*
Vous trouverez les solutions à la page 85.

sortir

sortir / descendre

arriver

rentrer

monter ses affaires

tomber

b *Ecrivez la fin de l'histoire.*

[A la carte 2]

100 % français?

1 En parlant breton …

Il y a trente ans, il était interdit – ce qui paraît aujourd'hui incroyable –
de parler les langues régionales à l'école. Un élève breton raconte.

*Cochez (Kreuzt … an) les phrases dans lesquelles vous pouvez utiliser un gérondif.
Ecrivez-les dans votre cahier.*

1. Quand nous utilisions quelques mots bretons en cours, ce n'était pas trop grave.	☐
2. Mais quand nous disions des phrases entières en breton, les profs ne rigolaient pas.	☐
3. Certains punissaient[1] les élèves de la façon suivante: ils les battaient.	☐
4. D'autres voulaient qu'on écrive cent fois la phrase «Je dois parler français!».	☐
5. C'était très dur, parce qu'on devait faire ce devoir, pendant que les autres jouaient dans la cour.	☐
6. Nous aurions eu moins de problèmes à l'école, si nous avions parlé français à la maison.	☐
7. Je suis triste quand je repense[2] à cette époque.	☐
8. Aujourd'hui, on accepte et respecte les langues régionales: on les enseigne officiellement dans leurs régions d'origine.	☐

2 Le touriste 100 % français → § 21

a *Soulignez les douze verbes qui sont à la forme passive.*

On savait le touriste français difficile, mais on ne pensait pas qu'il était aussi peu aimé à l'étranger. Le sondage qui sera présenté demain par un site de voyage donne une très mauvaise image des Français en voyage. D'après elle, ils seraient même détestés en Europe! Pour cette étude, 15 000 personnes travaillant dans des hôtels ont été interrogées. Elles devaient donner des notes à des touristes de 28 pays. Alors que les Japonais[3], 1ers, ont gagné le titre de «touristes de l'année» et que les Allemands ont eu la 5ème place, les Français terminent derniers. Dans les douze pays européens où cette enquête a été faite, le touriste français est décrit comme une personne qui ne fait pas d'effort pour parler la langue du pays qu'il visite.

Les mots simples comme «bonjour, au revoir, merci» ne sont jamais appris par les Français. La cuisine des autres n'est pas aimée par les Français qui sont si fiers de la leur.
Parfois, il suffit de presque rien pour changer l'avis des autres: si les chambres des Français avaient été laissées moins sales à leur départ qu'à leur arrivée comme celles des Japonais ou si leurs guides avaient été mieux payés comme ceux des Américains[4], les Français auraient peut-être été préférés à d'autres touristes étrangers.
Finalement, la seule chose positive est que les touristes français ont été trouvés très élégants!

Rang	Nationalité	Rang	Nationalité	Rang	Nationalité	Rang	Nationalité
1	Japonais	8	Norvégiens	15	Néo-Zélandais	22	Polonais
2	Américains	9	Canadiens	16	Irlandais	23	Turques
3	Suisses	10	Belges	17	Tchèques	24	Britanniques
4	Suédois	11	Danois	18	Portugais	25	Russes
5	Allemands	12	Autrichiens	19	Italiens	26	Chinois
6	Hollandais	13	Finlandais	20	Grecs	27	Indiens
7	Australiens	14	Thaïlandais	21	Espagnols	28	Français

© Source Expedia.fr

---

1 punir qn jdn. bestrafen – **2 repenser à qn / qc** an jdn. / etw. zurückdenken – **3 un Japonais / une Japonaise** ein Japaner / eine Japanerin – **4 un Américain / une Américaine** ein Amerikaner / eine Amerikanerin

b *Mettez les verbes soulignés à la forme active.*

1. _____	2. _____	3. _____
4. _____	5. _____	6. _____
7. _____	8. _____	9. _____
10. _____	11. _____	12. _____

3 Ce qui a changé avec le TGV Est. → § 22

Ecrivez les phrases en utilisant le participe présent.

Avant le TGV Est …

1. On trouvait le temps long dans le train qui mettait quatre heures pour aller à Paris.	_____
2. Comme on payait le train moins cher, on avait plus d'argent pour visiter Paris.	_____
3. Les voyageurs qui ne savaient pas quoi faire discutaient entre eux.	_____

Depuis l'arrivée du TGV Est …

4. Les voyageurs qui achètent leurs billets à la dernière minute ne trouvent pas toujours de place.	_____
5. Comme les gens ne réservent[1] pas, ils ne peuvent pas monter dans le TGV.	_____
6. Les voyageurs se plaignent plus souvent des trains qui arrivent en retard.	_____

---

1 **réserver qc** etw. reservieren

C2

4 Dans les Pyrénées → § 23

Complétez l'aventure de Marianne en mettant les verbes entre parenthèses au passé composé. Faites l'accord si nécessaire.

1. Ce matin, mon copain Yan et moi, nous _____ (se lever) à 5.30 heures pour découvrir le cirque de Gavarnie[1]. 2. Nous marchions déjà depuis un bon moment quand, tout à coup, Yan _____ (s'arrêter). 3. Je _____ (se dire) qu'il n'avait peut-être plus envie de marcher, mais ce n'était pas ça: à 150 mètres de nous, une ourse et son petit sortaient de la forêt. 4. Vite, nous _____ (se cacher) derrière un gros arbre et Yan m'a fait signe de ne pas bouger! 5. Les ourses avec un petit, ça ne rigole pas! 6. Quand l'ourse _____ (se tourner) vers nous, nous _____ (se donner) la main, nous _____ (se serrer) l'un contre l'autre et je _____ (se demander) si elle n'allait pas nous attaquer, mais les deux _____ (ne pas s'occuper) de nous et ont continué tranquillement leur chemin! Ouf! 7. Est-ce que vous _____ (se retrouver déjà) nez à nez avec un ours en liberté? C'est complètement fou! 8. Je n'oublierai jamais cette rencontre et Yan et moi, on _____ (se promettre) de faire quelque chose pour les ours dans les Pyrénées et en Europe. 9. Pour commencer, je _____ (s'acheter) un petit ours en peluche[2] au pied du cirque de Gavarnie!

5 Ecouter: Le nom des ours

a *Ecoutez le texte deux fois. Puis, cochez la bonne réponse. Les mots dans la case (Kästchen) verte peuvent vous aider.*

> **un bébé** ein Baby ♦ **lâcher qn** jdn. freilassen ♦
> **la Slovénie** Slowenien ♦ **slovène / slovène** slowenisch

1. En 2006, on avait proposé à l'association «Pays des ours» …
     8000 bébés ours. ☐
     10 000 noms pour les ours. ☐
     10 000 ours en peluche[2]. ☐
	2. Pour cette association, son succès montre que …
	     les habitants détestent les animaux. ☐
	     la population française adore les ours. ☐
	     les Français n'aiment pas leurs noms. ☐

3. Dans les Pyrénées, donner un nom à un ours,
     ce n'est pas une habitude. ☐
     c'est interdit. ☐
     c'est une tradition. ☐
	4. Le proverbe dit:
	     Ne tue pas l'ours, c'est ton père! ☐
	     Mange l'ours avant que ton père le mange! ☐
	     Il faut aimer les ours comme ses parents. ☐

5. Les habitants ne disent jamais ce mot quand ils parlent des ours …
     gros, ☐
     ours, ☐
     méchant, ☐
	6. car …
	     ils ont peur des ours. ☐
	     les ours comprennent la langue des hommes. ☐
	     les ours aiment qu'on parle d'eux. ☐

7. On peut proposer un nom jusqu'au …
     5 avril. ☐
     15 avril. ☐
     25 avril. ☐
	8. Qui donnera le nom définitif aux ours?
	     L'association «Pays des ours». ☐
	     Les enfants des écoles des Pyrénées. ☐
	     Les maires et conseils municipaux de la région. ☐

---

1 le cirque de Gavarnie der Zirkus von Gavarnie *(eine wie ein Amphitheater gestaltete Landschaft in den Pyrenäen)* –
2 un ours en peluche ein Teddybär

b *Ecoutez encore une fois le texte. Mellba, Cannelle, Franska, Dominique et Chocolat sont des noms d'ours. Pourquoi leur a-t-on donné ces noms? Ecrivez la bonne lettre derrière chaque nom.*

1. Mellba	_____	a) un nom ordinaire
2. Cannelle	_____	b) la couleur de l'ours
3. Franska	_____	c) en slovène, c'est le pays où vivait cet ours
4. Dominique	_____	d) le nom d'un village

c *Proposez un nom pour les ours des Pyrénées et justifiez votre choix.*

6 Typiquement français?

Vous trouverez l'exercice à la page 78.

7 Lire: Lo sapeva? Le saviez-vous?

Le français peut aussi vous aider à comprendre des textes dans d'autres langues romanes (romanisch): en italien, en espagnol et en portugais. Lisez ces informations sur l'ours brun (Braunbär) en italien.

L'orso bruno
– può correre ad una velocità di 50 km/h per circa 2 km.
– durante l'autunno mangia circa 40 kg al giorno che trasforma in circa 2 kg di grasso che gli serviranno per affrontare l'inverno.
– appoggia tutto il piede a terra, come l'uomo, il gorilla e lo scimpanzé.
– è attivo soprattutto di notte, anche per evitare di incontrare l'uomo.
– è un animale generalmente solitario.
– un tempo era molto diffuso, ma oggi è difficilissimo incontrarlo … grazie all'uomo!
– può vivere fino a 15 anni in natura.

© Fondazione Bioparco, Roma

a *Complétez la liste en écrivant le mot français qui correspond au mot italien.*

mot italien	mot français	mot italien	mot français
1. correre	Exemple: *courir*	8. il piede	_____
2. mangiare	_____	9. la terra	_____
3. servire	_____	10. l'uomo	_____
4. vivere	_____	11. la notte	_____
5. evitare	_____	12. l'animale	_____
6. incontrare	_____	13. l'anno	_____
7. sopratutto	_____	14. la natura	_____

b *Cochez les phrases qui sont correctes.*

1. Pendant toute l'année, l'ours brun mange environ 40 kilos par jour.	☐
2. Il peut courir plus vite que l'homme.	☐
3. En général, cet animal vit seul.	☐
4. Aujourd'hui, grâce à l'homme, on trouve de plus en plus d'ours dans les forêts européennes.	☐
5. Comme l'homme et les singes, il marche en posant tout son pied par terre.	☐
6. En liberté, l'ours brun peut devenir assez vieux: plus de 30 ans.	☐
7. Le plus grand danger pour cet animal est l'homme: pour ne pas le rencontrer, l'ours brun bouge donc surtout la nuit.	☐

⟨ ⟩ **c** *Transmettez les informations sur l'ours brun en allemand.*

8 Ecrire: Scoupe et Tourbillon à la chasse

a *Regardez cette petite bande dessinée des aventures de Scoupe, un jeune garçon, et de son copain Tourbillon, un extraterrestre (ein Außerirdischer). Décrivez les images dans votre cahier (huit lignes).*

Libres... de chasser !

b *Vous remplacez les lions par les ours. Imaginez la suite. Ecrivez 100 mots dans votre cahier.*

---

1 chasser qn / qc jdn. / etw. jagen – **2 relâcher qn** jdn. wieder freilassen – **3 un lion / une lionne** ein Löwe / eine Löwin – **4 terrible / terrible** schrecklich

9 Savoir faire: Organiser un débat

a *Sammelt zusammen Argumente (pro und contra) zu folgendem Thema:*

> Le TGV Est européen – une chance pour la France et l'Europe?

b *Tragt im Plenum (mithilfe des Schülerbuches) die sprachlichen Mittel wie folgt zusammen:*

Position vertreten	Zustimmung	Ablehnung	Zugeständnis
• …	• …	• …	• …
• …	• …	• …	• …
…	…	…	…

c *Bildet fünf Gruppen. Jede Gruppe übernimmt eine der unten aufgeführten „Rollen". Sucht nun aus den in* **a** *gesammelten Argumenten diejenigen heraus, die euch helfen bzw. die ihr benötigt, um „eure" Position zum vorliegenden Thema wirkungsvoll zu vertreten, ordnet sie nach ihrer Wichtigkeit und ergänzt sie eventuell (ca. 10–15 Min.). Übt anschließend unter Berücksichtigung der in* **b** *zusammengetragenen Redemittel und Strategien euren „Auftritt" in der Gruppe. Das „Moderatorenteam" nützt die Vorbereitungszeit, um sich Moderationsstrategien und Redemittel (jmd. das Wort erteilen, nachfragen, einlenken, beschwichtigen etc.) zurechtzulegen.*

Gruppe 1	Gruppe 2	Gruppe 3	Gruppe 4	Gruppe 5
(ein/e) Vertreter/in der SNCF	(ein/e) Vertreter/in der Air France	(ein/e) Vertreter / in einer (französischen) Umweltschutzorganisation	(ein/e) Vertreter/in des Europaparlaments	Moderator(en)

d *Bildet nun Diskussionsrunden, in denen jede Gruppe einmal vertreten ist, und führt die Debatte durch.*

> **Hinweise:**
> 1. Wenn ihr noch weitere Positionen vertreten haben möchtet, könnt ihr auch noch eine Gruppe 6: ein/e Geschäftsreisende/r und/oder eine Gruppe 7: ein/e Anwohner/in an der Bahnstrecke / am Flughafen besetzen.
> 2. Bei Bedarf bzw. falls Interesse besteht, könnt ihr die Debatte auch in der ganzen Klasse fortführen.
> 3. Selbstverständlich könnt ihr auch selbst ein Thema wählen und eine Debatte nach diesem Schema (vgl. **c** und **d**) oder mit der ganzen Klasse durchführen.

10 Auto-contrôle 1: Promenade dans les Pyrénées → §22

a *Reliez les phrases en mettant les verbes soulignés au participe présent.*
Vous trouverez la solution à la page 85.

1. Une famille en vacances <u>se promenait</u> dans les Pyrénées. Elle s'est perdue en montagne.

_____

2. Les parents <u>ne connaissaient pas</u> la montagne. Ils étaient partis avec leurs enfants sans eau et sans carte.

_____

3. Luc Joubert, un petit copain des enfants <u>ne les voyait pas</u> revenir. Il a alerté[1] ses parents.

_____

---
[1] alerter qn jdn. alarmieren

b *Ecrivez les phrases et remplacez (ersetzt) le participe présent par une autre structure (Struktur).*

1. Pensant qu'il était peut-être arrivé quelque chose aux amis de leur fils, les parents de Luc ont appelé les pompiers.
   _____
   _____
   _____

2. Les pompiers ont très vite retrouvé la famille attendant les secours sur un chemin tout près du village.
   _____
   _____
   _____

3. Une heure après, Luc et ses copains étant de nouveau ensemble faisaient des projets pour le lendemain.
   _____
   _____
   _____

11 Auto-contrôle 2: La vie des ours → §21

Mettez les verbes au passif et au temps indiqué.
Faites attention à l'accord du participe passé.
Vous trouverez la solution à la page 85.

1. En Slovénie[1], des dizaines d'ours _____ cette année — **tuer** *(futur simple)*

car il y a trop d'ours dans les forêts de ce pays. 2. En France, c'est le contraire:

il y a longtemps, le pays _____ par différents — **habiter** *(imparfait)*

animaux sauvages. Aujourd'hui, ils ont disparu et des ours de Slovénie

_____ dans les Pyrénées. — **emmener** *(présent)*

3. En général, quand ils _____ en France, — **conduire** *(présent)*

les ours _____ avant. 4. Dans la nature, — **endormir** *(passé composé)*

les animaux _____ 24 heures sur 24 grâce à — **suivre** *(présent)*

un collier émetteur[2]. 5. Quand la nouvelle de la mort de Cannelle

_____ , le public avait été très triste. — **annoncer** *(plus-que-parfait)*

6. Mais il y a aussi de bonnes nouvelles: le 23 avril dernier, l'ourse HVALA

_____ par une équipe. — **observer** *(passé composé)*

Elle _____ de deux petits ours très actifs. — **accompagner** *(imparfait)*

---

1 la Slovénie Slovenien – **2 un collier émetteur** ein Halsbandsender

[A la carte 3]

Voyage à travers les siècles

1 Une visite à la Géode

*Réécrivez les phrases dans votre cahier.
Utilisez «avant de, après avoir, pour, sans».*

1. Luc téléphone à Martine. Il veut prendre rendez-vous avec elle. 2. Il rencontre Martine devant le collège, mais avant, il achète un plan. 3. Luc sort son guide du Parc de la Villette. Il veut le montrer à Martine. 4. Ils descendent du métro et vont tout de suite dans le parc. Ils ne perdent pas de temps. 5. Ils visitent d'abord une exposition à la Cité des sciences et de l'industrie, et après, ils vont à la Géode. 6. Ils boivent leur café très vite. Ils n'aiment pas arriver en retard au cinéma. 7. Martine rentre à 20 heures, mais elle n'oublie pas de téléphoner à sa copine. Elle veut lui parler de la visite.

La Géode

2 L'exposition universelle de 1900

*Préposition ou conjonction? Complétez le texte.
Mettez aussi le subjonctif où il le faut.*

avant que ◆ bien que ◆	après ◆ avant ◆
jusqu'à ce que ◆	jusqu'à ◆
pour que ◆ sans que	pour ◆ sans

Le musée d'Orsay

1. _____ le grand succès de l'exposition universelle de 1889, la France a organisé une autre exposition universelle en 1900. 2. C'est pour cette exposition qu'on a construit la gare d'Orsay _____ les lignes de chemin de fer[1] de la Compagnie Paris-Orléans[2] _____ (pouvoir) arriver _____ centre de Paris. 3. Avant, les voyageurs devaient aller _____ la gare d'Austerlitz qui était assez loin. 4. _____ beaucoup de Parisiens _____ (être) contre cette gare dans Paris, la Compagnie Paris-Orléans a réussi à la construire. 5. _____ la transformation de la gare d'Orsay, elle servait comme abri[3] à un théâtre. 6. Ce théâtre était protégé[4] par la voûte[5] de la gare _____ les architectes _____ (avoir) dû construire des murs et un toit solide. 7. _____ le Président Georges Pompidou _____ (décider) la démolition[6] de la gare pour laisser place à un grand hôtel en verre, les Parisiens ont réussi à la sauvegarder[7]. 8. _____ la fermeture[8] de la gare en 1973, le Président de la République, Valérie Giscard d'Estaing, a eu l'idée de faire de cette ancienne gare un musée, le musée d'Orsay.

---

1 une ligne de chemin de fer eine Eisenbahnlinie – **2 la Compagnie de Paris-Orléans** *(frz. Eisenbahngesellschaft)* – **3 un abri** ein Unterschlupf – **4 être protég(e)** geschützt sein – **5 une voûte** ein Gewölbe – **6 une démolition** ein Abriss – **7 sauvegarder qc** etw. bewahren – **8 une fermeture** eine Schließung

C3

3 Monter à la tour Eiffel. → § 24

Complétez le texte et mettez «tant» ou «autant».

1. Les touristes qui arrivent aujourd'hui à Paris admirent la tour Eiffel _____ que les gens qui sont allés à l'exposition universelle de 1889. 2. Ils y retournent chaque fois, _____ ils aiment cette «dame de fer» qui est devenue le symbole de Paris. 3. Tous les week-ends, il y a _____ de touristes devant les caisses qu'il faut faire la queue pendant des heures. 4. Le samedi, il y a _____ de monde que le dimanche, le matin vous attendez _____ que l'après-midi. 5. Il y a beaucoup de touristes qui montent même à pied au deuxième étage de la tour, _____ ils aiment voir la ville depuis en haut. 6. Les artistes n'ont pas toujours aimé la tour _____ que les touristes. 7. Après l'exposition universelle, ils voulaient la faire détruire, _____ ils la détestaient. 8. Mais à cette époque, il y a eu _____ de réactions que la tour a pu rester.

La tour Eiffel

4 Ecouter: Appel du général de Gaulle du 22 juin 1940

Pour comprendre le texte que vous allez entendre, lisez les mots suivants.

un appel ein Aufruf
un armistice ein Waffenstillstand
un asservissement eine Versklavung
démobiliser une armée eine Armee entwaffnen
un honneur eine Ehre

Le général de Gaulle

a *Ecoutez le discours une première fois.*

1. Qu'est-ce qui se passe en Europe en 1940?
2. D'où est-ce que le général de Gaulle a lancé cet appel[1]?
3. De Gaulle a lancé cet appel avant ou après l'armistice?
4. Quelles sont les forces françaises qui sont démobilisées?
5. Quels sont les pays qui ont occupé la France?

b *Ecoutez le discours une seconde fois et répondez aux questions.*

1. Pourquoi les Français n'acceptent pas la capitulation? Trouvez deux raisons.
2. Qui suit le général de Gaulle? Trouvez trois groupes.
3. Sur quel slogan se termine son appel?
   – Vive la République, vive la France!
   – Vive la France libre dans une Europe libre!
   – Vive la France dans l'honneur et dans l'indépendance!

5 La Bastille

Vous trouverez l'exercice à la page 79.

---

[1] **lancer un appel à qn** an jdn. appellieren

6 Parler: Une journée à Paris

a *Travaillez à deux.*
Ecrivez devant chaque nom le numéro de la photo qui correspond au monument.
Si vous n'êtes pas sûrs, cherchez des informations sur Internet sous www.google.fr.

Exemple: _1_ La Samaritaine	____ Le jardin du Luxembourg	____ Le Louvre
____ La Géode	____ Le Café de Paris	____ Le Centre Pompidou
____ L'Arc de triomphe	____ Le Sacré-Cœur	____ La tour Montparnasse
____ un bateau-mouche	____ Le cimetière Père Lachaise	____ La gare de Lyon

Vous et votre copain/copine, vous êtes à Paris. Vous avez deux jours pour visiter la ville, mais vous ne vous intéressez pas aux mêmes activités. Vous aimez visiter des musées et des monuments, mais votre copain/copine ne s'y intéresse pas beaucoup. Il/Elle préfère se promener en ville et aller dans des cafés, mais il/elle adore aussi le shopping.

b *Vous faites un plan pour votre visite et vous discutez. A la fin, vous trouvez une solution qui plaît à vous deux. Vous avez dix minutes pour préparer la discussion.*

7 En français: Bläck Fööss, «Frankreich Frankreich»

Chez vos amis, vous faites la connaissance d'un Français sympa. Pour lui faire plaisir, vos amis lui font écouter le CD «Frankreich Frankreich» des Bläck Fööss. Il aime bien la musique, mais il ne comprend pas très bien le texte.

a *Ecoutez la chanson une première fois et expliquez en quelques phrases dans votre cahier de quoi elle parle.*

b *Pourquoi, à votre avis, la chanson est-elle «drôle»? Ecrivez six phrases dans votre cahier.*

c *Ecoutez la chanson une seconde fois. L'image que la chanson fait de la France est pleine de clichés. Expliquez cela en quelques phrases dans votre cahier.*

8 Savoir faire: Travailler avec le dictionnaire unilingue.

Le Palais Garnier

L'Opéra Bastille

A Paris, il y a deux grands opéras: Le Palais Garnier et l'Opéra Bastille. Le Palais Garnier a été inauguré le 15 janvier 1875. C'est un magnifique Palais de marbre[1] avec un grand escalier et des grandes salles, avec
5 des peintures et des sculptures. C'est Napoléon III qui a décidé sa construction dans le cadre des grands travaux de rénovation de la capitale. Les travaux ont duré 15 ans (de 1860 à 1875) interrompus par plusieurs péripéties, par exemple la guerre de 1870. En 1982, le Président Mitterrand décide la construction d'un nouvel opéra dans Paris. Il veut «un opéra moderne et populaire». Les travaux commencent en 1984 avec la démolition[2] de la gare de Paris-Bastille, ouverte en 1859 et fermée le 14 décembre 1969. L'Opéra est inauguré le 13 juillet 1989 pour le deux centième anniversaire de la prise de la Bastille[3].

a *Cherchez le mot «inaugurer» dans votre dictionnaire unilingue.*

1. Trouvez un exemple qui explique le mot: _____

2. Que veulent dire les abréviations[4] v.tr – conjug.1? _____

b *Cherchez le mot «la construction» dans votre dictionnaire unilingue.*

1. Sous quelle entrée est-ce que vous trouvez le mot «la construction»? _____

2. Donnez le contraire du mot «la construction»: _____

3. Que veut dire l'expression «La maison est en construction»? _____

4. Donnez les trois synonymes du mot «la construction»: _____

---

1 le marbre der Marmor – **2 une démolition** eine Zerstörung – **3 la prise de la Bastille** der Sturm auf die Bastille – **4 une abréviation** eine Abkürzung

c *Cherchez le mot «le cadre» dans votre dictionnaire unilingue.*

1. Il y a deux entrées principales[1]: Sous quelle entrée trouvez-vous la définition
   qui est la plus proche de votre contexte? _____

2. Le mot «cadre» est expliqué par un exemple. Lequel? _____

d *Cherchez le mot «la rénovation» dans votre dictionnaire unilingue.*

1. Sous quelle entrée est-ce que vous trouvez le mot «la rénovation»? _____
2. Cherchez un adjectif et un nom de la même famille: _____
3. Donnez un synonyme pour «rénover»: _____

e *Cherchez le mot «la péripétie» dans votre dictionnaire unilingue.*

1. Que veut dire l'abréviation n. f.? _____
2. Trouvez les deux sens[2] du mot et dites lequel correspond le mieux au contexte? _____

9 Ecrire: Une invitation

Vous recevez un e-mail de votre correspondant français Sébastien.

```
De:     sebsauvageot@yahoo.fr
A:
Objet: Invitation à Honfleur
```

Salut,

Je suis très content que tu puisses venir en France pendant les vacances.
A la fin du mois de juin, mon oncle nous invite à passer quelques jours
en Normandie dans sa petite maison à Honfleur.
Après, on pourrait rester une semaine à Paris. Qu'est-ce qui t'intéresse
dans cette ville? Il faut que tu sois à Paris pour le 14 juillet!

Réponds vite!

Sébastien

Vous remerciez Sébastien de son invitation et vous dites que vous aimeriez bien aller à Honfleur, mais que vous ne pouvez pas. Vous expliquez pourquoi. Vous racontez à Sébastien ce qui vous intéresse à Paris et vous lui posez des questions sur le 14 juillet.

Honfleur

---

1 **une entrée principale** ein Haupteintrag – 2 **un sens** eine Bedeutung

10 Lire: Perdu

Pendant l'exposition universelle de 1900, la ville de Paris a décidé de créer la première ligne de métro.
Voilà une petite histoire amusante qui s'est passée dans le métro.

a *Lisez le texte.*

*(Un homme perdu s'adresse à des gens qui le croisent[1].
Ils ne l'écoutent pas et filent.)*

Le perdu: Excusez-moi, Monsieur. Je suis perdu. Je … *(L'homme passe.)* … Excusez-moi, Madame, je suis perdu dans le métro depuis avant-hier[2] et je … *(La dame l'évite et passe.)* … Excusez-moi, Madame, je suis entré dans le métro sans
5 faire attention et je me … *(La dame passe.)* … Excusez-moi, Monsieur, je suis entré à la place d'Italie avant-hier, et j'ai pris une centaine[3] de rames[4] et je n'arrive pas à ressortir parce que … *(L'homme passe.)* … Excusez-moi, Monsieur, je …

(L'homme à qui il s'adressait s'est arrêté. Mais c'est lui qui demande:)

10 *L'homme:* Pour aller à la station Châtelet, c'est quelle direction?
Le perdu: Eh bien, je … Excusez-moi, je suis perdu moi-même, je suis entré dans le métro avant-hier et je …
L'homme: Avant-hier seulement? Moi, ça fait six mois!

(L'homme s'en va. Le perdu reste seul.)

Yak Rivais, Le métro mé pas tro, © L'école des loisirs, 1991.

b *Jouez la scène devant la classe.*

11 Auto-contrôle: Effort sans succès → § 24

*Complétez les phrases en vous servant de «tant» et «autant».
Vous trouverez la solution à la page 85.*

1. Bien que François ait _____ travaillé que ses copains, il n'a pas réussi son année scolaire.

2. Il avait fait _____ d'exercices, il avait passé _____ d'heures à répéter ce qu'ils avaient fait en classe, mais sans succès.

3. Il a commencé à pleurer, _____ il était déçu. 4. «J'ai _____ travaillé que mes parents m'ont encouragé de sortir. J'ai certainement fait _____ d'exercices que mes copains. Je ne sais plus que faire.»

---

1 croiser qn jdm. begegnen – **2 avant-hier** vorgestern – **3 une centaine** etwa hundert – **4 une rame** ein Zug

[A la carte 4]

Passages

1 **Faut-il arrêter le Tour de France?**

a *Indicatif, conditionnel ou subjonctif? Dans un forum, des personnes ont donné leur avis. Mettez les verbes à la bonne forme.*

Elodie (22 ans): Il est temps que le dopage[1] _____ (finir)! Je suis sûre que d'arrêter le tour _____ (marquer) ceux qui l'organisent et j'espère que, sous la pression du public, les équipes _____ (arrêter) le dopage. Oui à l'arrêt du Tour!

Philippe (17 ans): Que serait la France sans le Tour? Je ne veux pas qu'on l'_____ (arrêter), mais pour qu'il _____ (rester) un événement sportif, il faut qu'on _____ (faire) quelque chose contre le dopage. Il n'y a pas de doute que c'_____ (être) le seul moyen!

Edith (59 ans): A mon avis, la meilleure solution serait que tous les coureurs _____ (être) régulièrement contrôlés avant et pendant le Tour. Je pense que cela les _____ (faire) fortement réfléchir et cela _____ (éviter) un certain nombre de dopages.

Un anonyme de Paris: Moi, personnellment, je trouve que, depuis des années, le Tour _____ (ne plus avoir) aucun intérêt[2] sportif. Je regrette que tous les résultats _____ (être) marqués par le dopage. Il faudrait d'ailleurs qu'on _____ (réfléchir) à la question aussi en ce qui concerne d'autres sports.

Marcel (41 ans): Le dopage concerne tous les sports; mais au Tour de France, il y a trop d'argent en jeu pour qu'il _____ (pouvoir) redevenir «propre»[3]. Alors, arrêtons-le surtout pour la santé des coureurs. Il y a déjà longtemps qu'on _____ (exiger) d'eux des résultats surhumains[4]; nous le savons tous!

b *Et vous? Qu'en pensez-vous? Ecrivez un petit texte d'environ 50 mots. Utilisez plusieurs fois le subjonctif.*

---
1 le dopage das Doping – **2 un intérêt** *(hier)* eine Bedeutung – **3 redevenir «propre»** *(hier)* wieder „clean" werden – **4 surhumain / surhumaine** übermenschlich

C4

2 Il n'y a pas d'âge pour vivre ses rêves! → § 25

Marion rend visite à Léo, son oncle. Ils discutent.

Soulignez de deux couleurs différentes les verbes au futur simple et au futur antérieur.

Marion: Que feras-tu quand tu seras en vacances?
Léo: J'organiserai mes vacances quand j'aurai terminé mon travail. Et toi?

Marion: Moi, je pars en Italie avec mon frère. Quand il aura fini ses examens, nous irons faire le tour de l'Italie en vélo! Je serai contente quand nous y serons arrivés!

Léo: Tu auras beaucoup à raconter quand vous reviendrez. Après, vous aurez réalisé un projet que ta mère et moi avions rêvé de faire quand nous avions votre âge!

Marion: Mais vous n'êtes pas trop vieux, maman et toi! Les parents de ma copine Nina feront un tour de France en rollers quand ils auront fêté leurs 60 ans!

3 Comment Kaline court-elle? → § 26

a *Posez les questions avec les mots indiqués à gauche. Utilisez l'inversion.*

b *Lisez encore une fois le texte C à la page 87 de votre livre. Puis, cherchez la réponse aux questions et écrivez la bonne ligne / les bonnes lignes dans la case (Kästchen) à droite. S'il n'y a pas de réponse dans le texte, laissez la case vide.*

Exemple: 1. les garçons – quand – regardent – la jeune fille – Depuis	Depuis quand les garçons regardent-ils la jeune fille?	
2. Anita Belle – plus âgée – que Kaline – est		
3. de – Pourquoi – parle – deux – Anita – animaux?		
4. animal – la fille – choisit – Quel		
5. réussit – La panthère – à – toujours – attraper la gazelle		
6. Kaline – de – médailles – a – déjà – Combien – gagnées		

4 Sondage sur les vacances

On a interrogé Lola, Alexandre et Marion sur les activités qu'ils préfèrent pendant les vacances. Ils ont noté chaque activité de 1 à 10 dans le tableau.

a *Travaillez à deux.*

- Regardez les exemples et le tableau.
- Puis, chacun à votre tour, posez des questions à votre partenaire pour qu'il devine un personnage ou l'activité qu'il préfère.
- Dans vos questions, vous devez utiliser les expressions «aimer mieux ... que» ou «préférer ... plutôt que ...».
- A pose une question et B répond. Ensuite, B pose une question et A répond. Exemple:

A: Qui est-ce qui *préfère écrire* un roman *plutôt que faire* du surf?

B: C'est Alexandre qui *préfère écrire* un roman *plutôt que faire* du surf.

B: Quelle activité Lola aime mieux faire? Aller à la montagne ou travailler dans un supermarché?

A: Lola *aime mieux* aller à la montagne *que* travailler dans un supermarché.

Activités	Lola	Alexandre	Marion
aller à la montagne	8	5	10
faire du surf	10	4	8
rester au lit	1	2	3
écrire un roman	3	10	1
aller au restaurant	6	3	6
se promener en forêt	7	6	9
travailler dans un supermarché	5	1	2
visiter des musées	2	7	4
lire des BD	4	9	5
voyager en Europe	9	8	7

b *Quelles sont les activités que vous préférez faire pendant les vacances? Dites-le à votre vosin/votre voisine.*

5 Ecouter: Dobet Gnahoré

a *Ecoutez le texte deux fois. Puis, cochez (kreuzt ... an) la bonne réponse.*

1. On entend ...
   - un dialogue entre homme et femme. ☐
   - une émission de radio. ☐
   - une pièce de théâtre. ☐

2. Il s'agit ...
   - d'un reportage. ☐
   - d'un portrait. ☐
   - d'une interview. ☐

3. Le journaliste présente ...
   - la météo. ☐
   - les informations. ☐
   - la nouvelle chanteuse. ☐

4. Le père de Dobet Gnahoré est ...
   - artiste. ☐
   - journaliste. ☐
   - maire d'un village. ☐

C4

b *Ecoutez encore une fois le texte et répondez aux questions. Les mots suivants peuvent vous aider.*

> un album ♦ un artiste ♦ une communauté ♦
> un concert ♦ en Côte d'Ivoire[1] ♦ ivoirienne[2] ♦ un titre

1. Pourquoi est-ce que le journaliste parle de Dobet?
   _____
   _____

2. Où est-ce que Dobet a grandi?
   _____
   _____

3. Qui était son père?
   _____
   _____

4. Quand est-ce qu'un Français est arrivé?
   _____
   _____

5. Où est-ce que Dobet a fait ses premiers concerts?
   _____
   _____

6. Qu'a-t-elle réalisé en 2003?
   _____
   _____

7. Qu'est-ce que «Na Afriki»?
   _____
   _____

8. Dans combien de langues est-ce que Dobet chante?
   _____
   _____

9. Que fait-elle ce soir et demain?
   _____

6 Lire: Des princesses[3] et des hommes

«Des Princesses et des hommes» raconte l'histoire de Lucille, 16 ans, qui rêve de faire du cinéma. Elle regarde si souvent les films de Johnny Tebbud et Claire Larall, deux acteurs américains, qu'elle s'imagine vivre avec eux et qu'elle mélange rêve et réalité.

Ils sont là tous les deux, lui dans un smoking[4] qui semble[5] trop petit pour ses <u>larges</u> épaules[6], elle dans une robe de strass[7], aussi naturelle que si elle portait un jean, tous les deux devant un public de quatre mille personnes qui les applaudit comme des forcenés[8]. Il saisit[9] le micro[10], […], tout le monde rit, il prend la parole,
5 dit que le film n'aurait été rien sans ma <u>participation</u>, à moi, la petite Française, il regrette que l'océan[11] soit si grand, que je ne sois pas là avec eux pour partager ce <u>triomphe</u> […].
J'ai des larmes qui coulent sur mes joues, ils sont ma famille, ma vraie famille, même si elle est complètement <u>imaginaire</u>. […].
10 Ma vraie famille, c'est ma mère divorcée[12] qui pense que la peinture est la seule chose qui vaille la peine[13] dans ce monde et mon père qui travaille tellement qu'il n'a le temps de me téléphoner que trois fois par an. Le but[14] de ma vie? Faire du cinéma. En attendant, ma principale <u>occupation</u>, c'est rêver des acteurs quand ils semblent à la fois forts et <u>sensibles</u>. […] En ce moment, vous les avez peut-être reconnus, c'est Johnny Tebbud et Claire Larall qui jouent les premiers rôles dans mes scénarios.»

Des princesses et des hommes d'Emmanuelle Delafraye, © Editions du Rouergue, 2007

---

1 la Côte d'Ivoire die Elfenbeinküste *(Staat in Westafrika)* – **2 ivoirien / ivoirienne** *(von der Elfenbeinküste)* – **3 un prince / une princesse** ein Prinz / eine Prinzessin – **4 un smoking** ein Smoking – **5 sembler** scheinen – **6 une épaule** eine Schulter – **7 le strass** der Strass – **8 un forcené / une forcenée** ein Verrückter / eine Verrückte – **9 saisir qn / qc** jdn. / etw. ergreifen – **10 un micro** ein Mikrophon – **11 un océan** ein Ozean – **12 divorcé / divorcée** geschieden – **13 valoir la peine** der Mühe Wert sein – **14 un but** ein Ziel

a *Trouvez une traduction pour les mots soulignés en vous aidant:*
- *du contexte,*
- *d'autres mots de la même famille,*
- *du dictionnaire français (définition, synonyme, antonyme),*
- *ou des mots d'une autre langue (allemand ou anglais).*

mots marqués	mots de la même famille	dictionnaire français	mots d'une autre langue	traduction en allemand
1. ses <u>larges</u> épaules				
2. ma <u>participation</u>				
3. pour partager ce <u>triomphe</u>				
4. elle est … <u>imaginaire</u>				
5. ma principale <u>occupation</u>				
6. à la fois forts et <u>sensibles</u>				

b *Vrai ou faux? Si la phrase est fausse, corrigez-la (korrigiert ihn).*

		V	F	
1	La fille qui porte une robe de strass est une personne que Lucille a inventée.	☐	☐	
2	Dans ses rêves, Lucille est allée aux Etats-Unis avec ses amis.	☐	☐	
3	Lucille vit avec son père, mais il travaille beaucoup.	☐	☐	
4	La mère de Lucille est peintre.	☐	☐	
5	Le père de Lucille lui téléphone souvent.	☐	☐	
6	Lucie passe son temps à jouer dans des films.	☐	☐	

c *A votre avis, pourquoi Lucille a-t-elle inventé une famille imaginaire? Ecrivez cinq phrases.*

C4

7 Ah, les marques, c'est important!

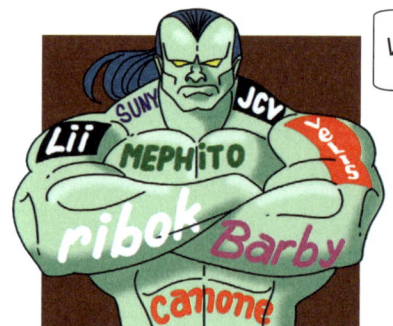

Vous trouverez l'exercice à la page 80.

8 Savoir faire: Code oral et code écrit

a *Lisez le texte.*

Djamel, un jeune de banlieue, raconte:

«J'en ai marre! Beaucoup de gens disent qu'on fait rien, qu'on ne cherche pas de boulot, qu'on prend des drogues, qu'on vole … Et pourtant, c'est pas le cas pour tous les jeunes et ce sont ces gens-là qui ont un vrai blème. Mes potes et moi, on
5 bosse, nous. Moi, j'suis apprenti dans un garage. Faut que je me lève tôt tous les jours, d'acc, mais le boulot, il me plaît. C'est ouf! Parfois, je reste plus longtemps le soir, parce que j'aime trop une voiture. Et après, je rentre et je retrouve mes potes pour faire de la zique. Je chante et je joue du saxophone, moi! T'as qu'à venir à une de nos répètes! Et, il m'arrive parfois de lire: des BD, j'adore ça! Un
10 jour, j'aurai mon garage à moi et assez de fric! C'est pas interdit de rêver, non?»

b *Complétez le tableau avec les exemples du code oral dans le texte. Puis, écrivez-les en français standard.*

CODE ORAL			
mots ou expressions familiers / familières (Umgangs- / Jugendsprache)	formes courtes / «verlan» (Abkürzungen / Kurzformen)	phrases ségmentées (Herausstellung von Satzgliedern)	ellipses (Auslassungen / Ellipsen)
• J'en ai marre	• un blème	• on bosse, nous.	• on fait rien
CODE ECRIT			
• J'en ai assez			

9 Auto-contrôle 1: Vive les grandes vacances! → § 26

Votre corres français / française est déjà en vacances. Il / Elle vous envoie un e-mail dans lequel il / elle veut savoir quand vos vacances commencent, si les élèves allemands trouvent que six semaines de vacances suffisent (1), si votre copain / ta copine en profite pour gagner de l'argent (2), pourquoi vos parents ne veulent pas aller en France (3), si votre famille passera les vacances ensemble (4).

Ecrivez ses questions une fois avec «est-ce que» et une fois avec l'inversion du sujet.
Vous trouverez la solution à la page 85.

Interrogation avec «est-ce que»	Interrogation par inversion
Exemple: Quand est-ce que tes vacances commencent?	Quand tes vacances commencent-elles?
1.	
2.	
3.	
4.	

10 Auto-contrôle 2: Les projets des frères Depardon → § 25

Antoine et Luc Depardon sont deux frères. Ils discutent de leurs projets: devenir des champions[1], l'un en ski, l'autre en tennis.

Cochez les phrases avec un verbe au futur antérieur et soulignez-le.
Vous trouverez la solution à la page 85.

1	*Antoine:* L'année prochaine, le soir, quand nous aurons fini nos devoirs, nous ne regarderons pas la télé, nous irons directement au lit!	☐
2	*Luc:* Oui, tu as raison. Si j'avais respecté mon programme cette année, j'aurais gagné tous mes concours.	☐
3	*Antoine:* Je pense que j'aurai de bons résultats si je m'entraîne tous les jours au tennis.	☐
4	*Luc:* Quand tu auras gagné ton premier match, tu auras confiance en toi.	☐
5	*Antoine:* Je serais content, si les parents venaient m'applaudir au moins une fois.	☐
6	*Luc:* J'aimerais, moi aussi, qu'ils viennent, mais seulement quand j'aurai réussi mon examen de ski.	☐
7	*Antoine:* Quand ils auront vu nos exploits[2], ils comprendront pourquoi nous ne voulons pas partir avec eux en vacances.	☐
8	*Luc:* Et ils nous diront: «Nous sommes d'accord avec vous et avec tout ce que vous déciderez pour devenir des champions!»	☐

---

1 un champion / une championne ein Meister / eine Meisterin, ein Champion – **2 un exploit** eine Heldentat

DOSSIER 1

6 Le rêve de Djamel → § 2

Travaillez à deux.
- *Lisez d'abord le texte.*
- *Ensuite, décidez qui prend le rôle de Djamel et qui prend le rôle d'Etienne.*
- *Mettez-vous à la place de Djamel et d'Etienne et, à l'aide des prépositions, formez des phrases avec des infinitifs (cases jaunes).*
- *Pliez la feuille en deux. (Faltet … in der Mitte.)*
- *Djamel commence; Etienne répond.*
- *Vous vous contrôlez à l'aide des solutions entre parenthèses.*
- *Après avoir fait l'exercice, vous changez de rôle.*

Deux copains discutent. Djamel n'a pas le moral. Il rêve d'être écrivain[1], mais tout le monde se moque de lui. Etienne ne sait pas ce qu'il aimerait faire plus tard, mais il voudrait aider Djamel.

Djamel	Etienne
1. Ma famille pense que je suis trop nul. J'aimerais devenir écrivain. **(pour)**	
	[Ma famille pense que je suis trop nul **pour devenir** écrivain.]
	2. Tu t'énerves contre ta famille. Tu devrais réfléchir. **(avant)**
[**Avant de t'énerver** contre ta famille, tu devrais réfléchir!]	
3. Mes parents ont lu mon roman. Puis, ils m'ont dit que je ferais mieux de faire un autre métier. **(après)**	
	[**Après avoir lu** mon roman, mes parents m'ont dit que je ferais mieux de faire un autre métier!]
	4. Tu veux devenir écrivain. Tu ne réalises pas que c'est un métier très difficile. **(sans)**
[Tu veux devenir écrivain **sans réaliser** que c'est un métier très difficile!]	
5. J'écris au moins deux heures le matin. Je ne commence aucune journée sans cela. **(sans)**	
	[Je ne commence aucune journée **sans écrire** au moins deux heures le matin.]
	6. Tu dois aussi imaginer le pire[2]. Tu ne veux pas avoir de mauvaises surprises plus tard, si tu ne réussis pas. **(pour)**
[Tu dois aussi imaginer le pire[2] **pour ne pas avoir** de mauvaises surprises plus tard, si tu ne réussis pas!]	
7. A ton avis, qu'est-ce que je dois faire? Je voudrais vraiment réussir. **(pour)**	
	[A ton avis, qu'est-ce que je dois faire **pour vraiment réussir**?]
	8. Rien! Tu ne dois pas penser que tu es un écrivain. Tu dois d'abord continuer à écrire et à travailler. **(avant)**
[Rien! Tu dois d'abord continuer à écrire et à travailler **avant de penser** que tu es un écrivain!]	

---

1 **un écrivain / une femme écrivain** ein Schriftsteller / eine Schriftstellerin – 2 **le pire** das Schlimmste

DOSSIER 2

10 Comment aider les jeunes sans travail? → § 4

Travaillez à deux.
- *Lisez d'abord le texte.*
- *Ensuite, décidez qui prend le rôle de l'assistant social (Sozialarbeiter) et qui prend celui d'Azouz.*
- *Mettez-vous à la place de l'assistant social et d'Azouz et formez des phrases. Mettez les verbes au subjonctif si néssessaire.*
- *Pliez la feuille en deux. (Faltet … in der Mitte.)*
- *L'assistant social commence. Azouz répond.*
- *Vous vous contrôlez à l'aide des solutions entre parenthèses.*
- *Après avoir fait l'exercice, vous changez de rôle.*

Jean-Claude, assistant social dans la banlieue parisienne, discute avec Azouz, un jeune beur qui n'a pas de travail.

L'assistant social	Azouz
J'aimerais bien que vous (venir) plus souvent ici au club. Il n'(être) pas nécessaire que vous (rester) toujours devant les immeubles. Ici, il y a de la place.	[J'aimerais bien que vous **veniez** plus souvent ici au club. Il n'**est** pas nécessaire que vous **restiez** toujours devant les immeubles.]
[Je ne **crois** pas qu'on **puisse** faire ici quelque chose d'intéressant.]	Je ne (croire) pas qu'on (pouvoir) faire ici quelque chose d'intéressant.
Si vous (vouloir) que ça (changer) et qu'on (faire) quelque chose pour vous, il faudrait que vous (venir) ici et que vous (discuter) avec nous.	[Si vous **voulez** que ça **change** et qu'on **fasse** quelque chose pour vous, il faudrait que vous **veniez** ici et que vous **discutiez** avec nous.]
[On a déjà trop souvent discuté sans que la ville **ait** fait quelque chose pour nous.]	On a déjà trop souvent discuté sans que la ville (avoir) fait quelque chose pour nous.
Mais qu'est-ce que vous (vouloir) que la ville (faire) pour vous?	[Mais qu'est-ce que vous **voulez** que la ville **fasse** pour vous?]
[Le plus important c'est que nous **ayons** du travail. Nous avons peur que nous ne **trouvions** jamais de boulot.]	Le plus important c'est que nous (avoir) du travail. Nous avons peur que nous ne (trouver) jamais de boulot.
Je comprends très bien. Nous voudrions aussi que vous (avoir) du travail. Mais il faudrait d'abord que vous (être) prêts à accepter des petits jobs.	[Je comprends très bien. Nous voudrions aussi que vous **ayez** du travail. Mais il faudrait d'abord que vous **soyez** prêts à accepter des petits jobs.]
[Avant qu'on **fasse** ça, nous préférons rester à la maison.]	Avant qu'on (faire) ça, nous préférons rester à la maison.
Comment voulez-vous que nous vous (aider) si vous (penser) toujours comme ça?	[Comment voulez-vous que nous vous **aidions** si vous **pensez** toujours comme ça?]

DOSSIER 3

5 Vivre à la campagne, quelle barbe!

Travaillez à deux.
- *Lisez le texte.*
- *Ensuite, décidez qui prend le rôle de Benjamin et qui prend celui de Laure.*
- *Mettez-vous à la place de Benjamin et de Laure et formez des phrases complètes (cases jaunes).*
- *Pliez la feuille en deux. (Faltet … in der Mitte.)*
- *Benjamin commence. Laure répond.*
- *Vous vous contrôlez à l'aide des solutions entre parenthèses.*
- *Après avoir fait l'exercice, vous changez de rôle.*

Lyon

Les parents de Laure viennent d'acheter une maison à la campagne. Il faudra bientôt déménager.

Benjamin	Laure
Fragt, ob etwas nicht in Ordnung sei; Laure sehe unglücklich aus.	
	[Ça ne va pas, Laure? Tu as l'air malheureuse.]
	Sagt, dass Benjamin auch sauer sein würde, wenn er in einigen Wochen umziehen müsste.
[Toi aussi, tu ferais la tête, si tu déménageais dans quelques semaines.]	
Äußert seine Überraschung darüber, meint aber, dass das doch nicht so schlimm sei.	
	[Quoi? Tu déménages? Mais ce n'est pas si grave!]
	Entgegnet, dass das auch nicht so schlimm wäre, wenn sie in der Stadt blieben und ihre Eltern kein Haus auf dem Land gekauft hätten.
[Non, ce ne serait pas si grave si on restait en ville et si mes parents n'avaient pas acheté une maison à la campagne.]	
Fragt, was „auf dem Land" heiße.	
	[Qu'est-ce que ça veut dire «à la campagne»?]
	Antwortet, dass es ein kleines Dorf mit 250 Einwohnern, 40 km von Lyon entfernt sei, in dem es nur einen kleinen Supermarkt gebe.
[C'est un petit village de 250 habitants à 40 km de Lyon dans lequel il n'y a qu'un petit supermarché.]	
Meint, dass das nicht möglich sei, und sagt, dass es dort doch sicher ein Kino, ein Café und noch einige andere Geschäfte gäbe.	
	[Ce n'est pas possible! Il y a certainement un cinéma, un café et quelques autres magasins.]
	Sagt, dass er träume und wohl noch nie in einem richtigen Dorf gewesen sei.
[Mais tu rêves! Tu n'as jamais été dans un vrai village?]	
Zögert zunächst ein wenig, sagt aber dann, dass seine Oma auf dem Land lebe und sich dort wohl fühle.	
	[Euh … Ma grand-mère habite à la campagne et elle s'y sent bien.]
	Bedankt sich (ironisch) für Benjamins Verständnis und fragt, wie alt seine Oma sei.
[Merci pour ta compréhension, Benjamin. Mais ta grand-mère a quel âge?]	

DOSSIER 4

6 Etre assistant d'allemand en France

Travaillez à deux.
- Lisez d'abord le texte.
- Ensuite, décidez qui prend le rôle d'Etienne et qui prend celui de Max.
- Mettez-vous à la place d'Etienne et de Max et formez des phrases à l'aide des pronoms relatifs «qui, que, dont, où, lequel, ce qui, ce que» en ajoutant une préposition si nécessaire.
- Pliez la feuille en deux. (Faltet … in der Mitte.)
- Etienne pose les questions. Max répond.
- Vous vous contrôlez à l'aide des solutions entre parenthèses.
- Après avoir fait l'exercice, vous changez de rôle.

Etienne	Max
Que fait un assistant allemand[1] en France? [On passe une année scolaire en France **pendant laquelle** on donne des cours de conversation.]	On passe une année scolaire en France _____ on donne des cours de conversation.
Et à qui est-ce qu'on donne des cours? [Ce sont des élèves **qui** viennent de tous les niveaux et **à qui** on apprend à parler).	Ce sont des élèves _____ viennent de tous les niveaux et _____ on apprend à parler.
Qu'est-ce qui intéresse surtout les élèves français? [**Ce qui** les intéresse surtout, c'est par exemple la musique et l'histoire.]	_____ les intéresse surtout, c'est par exemple la musique et l'histoire.
Et qu'est-ce qu'ils n'aiment pas du tout? [**Ce qu'**ils n'aiment pas du tout, ce sont les tests de vocabulaire.]	_____ ils n'aiment pas du tout, ce sont les tests de vocabulaire.
De quoi est-ce qu'ils ont besoin? [**Ce dont** ils ont énormément besoin, c'est de parler, parler, parler.]	_____ ils ont énormément besoin, c'est de parler, parler, parler.
Qu'est-ce qui a été difficile pour toi? [De temps en temps, ils voulaient savoir des choses dont je ne connaissais pas les détails.]	De temps en temps, ils voulaient savoir des choses _____ je ne connaissais pas les détails.
Les jeunes Français ont quelle image de l'Allemagne? [Ils ont souvent des clichés **auxquels** il faut réfléchir.]	Ils ont souvent des clichés _____ il faut réfléchir.
Quel est ton meilleur souvenir de cette année? [Ce sont les heures **que** j'ai passées avec les élèves.]	Ce sont les heures _____ j'ai passées avec les élèves.
Tu as aimé cette année que tu as passée en France? [Oui, c'était une année **qui** m'a beaucoup plu.]	Oui, c'était une année _____ m'a beaucoup plu.
Est-ce que tu aimerais retourner en France? [Oui, la région **où / dans laquelle** je voudrais passer des vacances, c'est la Bretagne.]	Oui, la région _____ je voudrais passer des vacances, c'est la Bretagne.

DOSSIER 5

5 **Découvrir la Réunion**

Travaillez à deux.
- *Lisez d'abord le texte.*
- *Ensuite, décidez qui prend le rôle de Marie et qui prend celui de Claudia.*
- *Mettez-vous à la place de Marie et de Claudia et formez des phrases complètes (cases jaunes).*
- *Pliez la feuille en deux. (Faltet ... in der Mitte.)*
- *Claudia commence. Marie répond.*
- *Vous vous contrôlez à l'aide des solutions entre parenthèses.*
- *Après avoir fait l'exercice, vous changez de rôle.*

La Réunion: Saint-Denis

Le lycée de Claudia fait un échange de deux semaines avec un lycée de la Réunion. Claudia discute avec Marie sa correspondante.

Claudia	Marie
Sagt, dass zwölf Stunden Flug zwar lang sind, sie aber nicht bereue, gekommen zu sein.	[Douze heures de vol sont bien longues, mais je ne regrette pas d'être venue.]
[Qu'est-ce que tu as envie de faire demain?]	Fragt, was Claudia morgen machen möchte.
Antwortet, dass sie gerne eine Inselrundfahrt machen und die Hauptstadt Saint-Denis besichtigen würde.	[J'aimerais bien faire un tour sur l'île et visiter la capitale Saint-Denis.]
[Je crains que ce ne soit pas possible en un jour: la Réunion a 2512 kilomètres carrés.]	Befürchtet, dass das an einem Tag nicht möglich ist: La Réunion ist 2512 km² groß.
Ist überrascht und sagt, dass sie (auch) gerne einen Tag am Meer verbringen und baden gehen würde.	[Ah bon? Alors, j'aimerais bien passer une journée au bord de la mer et me baigner.]
[Et si on allait à Saint-Denis. Le soir, un groupe de rap qui chante en créole donne un concert à la plage.]	Schlägt vor, nach Saint-Denis zu fahren. Am Abend gebe eine Rap-Gruppe, die auf Kreolisch singt, ein Konzert am Strand.
Ist begeistert, möchte aber wissen, was Kreolisch ist.	[Chouette! Mais qu'est-ce que c'est, le créole?]
[A côté de la langue officielle qui est le français, c'est la langue de la population de l'île.]	Erklärt, dass das neben der offiziellen Sprache, Französisch, die Sprache der Bevölkerung ist.
Sagt, dass sie noch Geld wechseln muss.	[Je dois encore changer de l'argent.]
La Réunion est un département d'outre-mer et donc française. On paie ici avec des euros.]	Klärt Melanie auf, dass La Réunion ein Überseedepartement und somit französisch ist. Man zahlt hier mit Euro.
Entschuldigt sich für ihre „Dummheit" und fragt, was „Entschuldigung" auf Kreolisch heißt.	[Excuse-moi! Je suis bête! Comment dit-on «pardon» en créole?]
	«Excuse a moin!»

4 Après le déménagement → § 19

Travaillez à deux.
- *Lisez d'abord le texte.*
- *Ensuite, décidez qui prend le rôle de Cécile et qui prend celui de Julien.*
- *Mettez-vous à la place de Cécile et de Julien et formez des phrases complètes (cases jaunes).*
- *Pliez la feuille en deux. (Faltet … in der Mitte.)*
- *Cécile commence. Julien répond.*
- *Vous vous contrôlez à l'aide des solutions entre parenthèses.*
- *Après avoir fait l'exercice, vous changez de rôle.*

M. et Madame Lecoq, Cécile, leur fille, et Julien, leur fils, déménagent.

Cécile	Julien
Fragt, ob Julien schon die Fahrräder in die Garage gebracht hat.	
	[Tu as déjà rentré les vélos au garage?]
	Bejaht und fragt, ob Papa seine elektrische Gitarre und den Computer nach oben gebracht hat.
[Oui. Est-ce que papa a déjà monté ma guitare électrique et mon ordinateur?]	
Sagt, dass er sie noch nicht nach oben gebracht hat und fragt, ob Julien will, dass sie sie noch nach oben bringt.	
	[Non, il ne les a pas encore montés. Tu veux que je les monte?]
	Bejaht und sagt, dass Cécile danach schnell nach unten kommen und auch die leeren Kartons nach unten in den Keller bringen soll.
[Oui. Et après, tu descends vite. Et descends aussi les cartons vides à la cave.]	
Stimmt zu und sagt, dass sie gleich herunterkommt und fragt, wo Mama ist.	
	[D'accord. Je descends tout de suite. Où est maman?]
	Sagt, dass sie einkaufen gegangen (sortir) ist.
[Elle est sortie faire les courses.]	
Will wissen, wann sie wiederkommt.	
	[Quand est-ce qu'elle va rentrer?]
	Sagt, dass er es nicht weiß, und fragt, wo Papa ist.
[Je ne sais pas. Où est papa?]	
Sagt, dass er in den Keller hinuntergegangen ist und dass er seine Werkzeuge sucht.	
	[Il est descendu à la cave et cherche ses outils.]
	Es tut ihm leid. Er sagt, dass er alle Werkzeuge nach oben in sein Zimmer gebracht hat.
[Je suis désolé. J'ai monté tous les outils dans ma chambre.]	
Sie bittet ihn, noch die Mülltonne hinauszustellen.	
	[Sors encore la poubelle s'il te plaît.]

A la carte 2

6 Typiquement français?

Travaillez à deux.
- *Lisez d'abord le texte.*
- *Ensuite, décidez qui prend le rôle d'Orlane et qui prend celui de Thibault.*
- *Mettez-vous à la place d'Orlane et de Thibault et formez des phrases complètes (cases jaunes).*
- *Pliez la feuille en deux. (Faltet … in der Mitte.)*
- *Orlane commence. Thibault répond.*
- *Vous vous contrôlez à l'aide des solutions entre parenthèses.*
- *Après avoir fait l'exercice, vous changez de rôle.*

Orlane et Thibault discutent sur ce qui est, pour eux, typiquement français.

Orlane	Thibault
Sagt, dass sie sich diese Frage (eigentlich) noch nie gestellt hat, und fragt, wie es bei Thibault ist.	
	[Je ne me suis jamais posé cette question. Et toi?]
	Zögert kurz, bejaht aber dann und meint, dass es seiner Meinung nach der TGV und der Hahn seien.
[Euh … moi, si! A mon avis, ce sont le TGV et le coq.]	
Erwidert, dass sie mit dem TGV einverstanden sei, aber nicht mit dem Hahn. Für sie könne ein Tier kein Symbol für ein Land sein.	
	Le TGV, d'accord, mais le coq! Pour moi, un animal ne peut pas être le symbole d'un pays.
	Erklärt, dass der Hahn schon das Symbol der Gallier war und noch heute Frankreich im Bereich des Sports darstelle.
[Le coq était déjà le symbole des Gaulois et encore aujourd'hui, il représente la France dans le domaine du sport.]	
Erwidert, dass sie das nicht wusste, aber dass für sie ein Tier nicht typisch für ein Land und seine Einwohner sein könne.	
	[Je ne le savais pas, mais pour moi, un animal ne peut pas être typique d'un pays et de ses habitants.]
	Fragt, an was Orlane denn denke?
[A quoi est-ce que tu penses alors, toi?]	
Erklärt, dass für sie Comics typisch französisch seien: Asterix, Titeuf usw. hätten weltweit Erfolg.	
	[Pour moi, les BD sont typiquement françaises: Astérix, etc. ont du succès dans le monde entier.]
	Stimmt zu und ergänzt, dass z. B. Asterix in 80 Sprachen übersetzt wurde.
[C'est vrai; Astérix, par exemple, a été traduit dans 80 langues.]	
Schlägt als Symbol für Frankreich die französische Fahne vor: blau und rot symbolisieren Paris und weiß ist die Farbe der französischen Könige.	
	[Et comme symbole pour la France, je propose le drapeau français: le bleu et le rouge symbolisent Paris et le blanc est la couleur des rois de France.]
	Fragt sich, was sein deutscher Austauschpartner sagen würde.
[Je me demande ce que mon correspondant allemand dirait.]	
Antworte anstelle von Thibaults Austauschpartner, was für dich „typisch französisch" ist.	
	[Ce qui est typiquement français pour moi, …]

3 La Bastille

Travaillez à deux.
- *Lisez d'abord le texte.*
- *Ensuite, décidez qui prend le rôle de Claudine et qui prend celui de Martina.*
- *Mettez-vous à la place de Claudine et de Martina et formez des phrases complètes (cases jaunes).*
- *Pliez la feuille en deux. (Faltet … in der Mitte.)*
- *Claudine commence; Martina répond.*
- *Vous vous contrôlez à l'aide des solutions entre parenthèses.*
- *Après avoir fait l'exercice, vous changez de rôle.*

Martina a été dans un cours d'histoire-géographie de son amie Claudine. Après, elles parlent des sujets du cours.

Claudine	Martina
Möchte wissen, ob in Martinas Geschichtsunterricht schon einmal über die Französische Revolution gesprochen wurde.	[Est-ce que vous avez déjà parlé de la Révolution Française dans vos cours d'histoire?]
[Bien sûr, mais je ne me rappelle plus tous les détails.]	Bejaht das, sagt aber, dass sie sich nicht mehr an alle Details erinnern kann.
Fragt, an was Martina sich noch erinnern kann.	[Qu'est-ce que tu te rappelles encore?]
[Nous avons parlé de la Bastille et de Marie Antoinette, la femme de Louis XVI.]	Sagt, dass sie über die Bastille gesprochen haben und über Marie Antoinette, die Gattin Ludwigs des XVI.
Sagt, dass die Revolution an der Bastille begonnen hat.	[La Révolution a commencé à la Bastille.]
[Est-ce que tu peux me montrer la Bastille.]	Fragt, ob Claudine ihr die Bastille zeigen kann.
Antwortet, dass das nicht möglich ist, da die Bastille nicht mehr existiert. Meint, sie könne ihr aber den Platz zeigen, wo die Bastille gestanden hat (sich befunden hat).	[Non, ce n'est pas possible parce que la Bastille n'existe plus. Mais je peux te montrer la place où elle s'est trouvée.]
[Cela m'intéresse. Pourquoi est-ce que la Bastille a été si importante pour la Révolution?]	Ist interessiert und fragt, warum die Bastille so wichtig war für die Revolution.
Erklärt, dass sie ein Symbol für das „Ancien Régime" war, für eine Epoche, in der nur ein kleiner Teil der Gesellschaft gut leben konnte.	[Elle était un symbole pour l'«Ancien Régime», pour une époque où seulement une petite partie de la population pouvait bien vivre.]
[Et pourquoi est-ce que les gens se sont révoltés?]	Möchte wissen, warum sich die Menschen aufgelehnt haben.
Erklärt, dass sie sich aufgelehnt haben, weil sie Hunger hatten und weil sie mit der Regierung unzufrieden waren. Deshalb haben sie die Bastille erobert (genommen).	[Ils se sont révoltés parce qu'ils avaient faim et parce qu'ils n'étaient pas contents du gouvernement. C'est pourquoi ils ont pris la Bastille.]

A la carte 4

7 Ah, les marques, c'est important!

Travaillez à deux.
- *Lisez d'abord le texte.*
- *Ensuite, décidez qui prend le rôle de Virginie et qui prend celui d'Elodie.*
- *Mettez-vous à la place de Virginie et d'Elodie et formez des phrases complètes (cases jaunes).*
- *Pliez la feuille en deux. (Faltet … in der Mitte.)*
- *Virginie commence. Elodie répond.*
- *Vous vous contrôlez à l'aide des solutions entre parenthèses.*
- *Après avoir fait l'exercice, vous changez de rôle.*

Dans la classe de Virginie et d'Elodie, il y a une fille, Laure, qui est différente. La mode ne l'intéresse pas. Les deux filles discutent: Quels vêtements faut-il porter pour être branché et accepté?

Virginie	Elodie
Fragt Elodie, ob sie gesehen habe, was Laure heute angehabt hätte: einen alten Rock und einen alten Pulli! Das sei furchtbar!	[Tu as vu ce que Laure a porté aujourd'hui? Une vieille jupe et un vieux pull! Quelle horreur!]
[Je n'y ai pas fait attention. Tout le monde peut mettre les vêtements qu'il veut, non?]	Sagt, dass sie darauf nicht geachtet habe und dass jeder doch anziehen könne, was er möchte.
Erwidert, dass für sie Klamotten wichtig seien: sie sagten alles über eine Person.	[Mais pour moi les fringues sont importantes: elles disent tout sur une personne.]
[Et qu'est-ce qu'elles te disent exactement, les fringues?]	Möchte wissen, was Klamotten ihr genau sagen.
Erklärt, dass Leute, die Markenkleidung tragen, z. B. „cool" und „in" seien und zeigen, dass sie sich in ihrer Haut wohl fühlen.	[Les gens qui portent des vêtements de marque sont par exemple «cool» et branchés et montrent qu'ils se sentent bien dans leur peau.]
[C'est à mourir de rire! Les marques montrent seulement que quelqu'un a beaucoup, pour ne pas dire, trop de fric.]	Findet das zum Totlachen und ergänzt, dass Marken nur zeigen, dass jemand viel, um nicht zu sagen, zu viel Kohle habe.
Sagt, dass Elodie doch auch Markenkleidung kaufe, und möchte wissen, warum.	[Mais toi aussi, tu achètes des vêtements de marque. Pourquoi?]
[J'ai un pull de marque, d'accord. Mais je ne l'ai pas acheté à cause de la marque; il me plaît tout simplement.]	Erläutert, dass sie zwar einen Markenpulli habe. Sie habe ihn aber nicht wegen der Marke gekauft; er gefalle ihr einfach.
Erklärt, dass sie diese Laure trotzdem komisch und einfältig finde.	[Cette Laure, je la trouve quand même bizarre et stupide.]
[Je trouve qu'elle a du courage!]	Findet, dass Laure mutig sei (= Mut habe).

Portfolio

Notiere regelmäßig nach den Auto-Evaluation-Seiten in Dossier 3 (Seiten 27/28) und Dossier 5 (Seiten 42/43), was du in Französisch neu gelernt hast.

Überlege dir anschließend, welche der neuen Kenntnisse in den Bereichen Sprache (Hören, Sprechen, Lesen und Schreiben), Strategien und Landeskunde für dich persönlich wichtig sind. Z. B., weil du sie im Urlaub anwenden könntest, oder weil du dich auf einen Schüleraustausch gezielt vorbereiten möchtest, oder weil sie dir helfen, Französisch und andere romanische Sprachen (Italienisch, Spanisch, etc.) zu lernen. Oder auch weil sie dir zeigen, wo deine Stärken beim Französischlernen liegen ... – oder einfach, weil sie dich interessieren!

Übernimm diese ausgewählten Einträge dann in das Poster auf der nachfolgenden Seite: zuerst nach Dossier 3 und dann nach Dossier 5! So wird dieses deine wichtigsten Fortschritte dokumentieren.

Et ... n'oublie pas ton dossier!

 Wie bereits im letzten Jahr solltest du wieder besonders gut gelungene Arbeiten aus dem Französischunterricht aufheben.

Das können Texte sein (Briefe, E-Mails, eigene Texte), Plakate, die du im Unterricht angefertigt hast – kurz: Produkte, die du selbst erstellt hast und die mit Frankreich und Französisch zu tun haben.

Portfolio

Mit *Découvertes* sicher in den Hafen.

Das kann ich schon

D 1–3

Am liebsten mache ich …

An Frankreich und Französisch mag ich …

D 4 und 5

Am liebsten mache ich …
_____
_____
_____
_____
_____
_____
_____

An Frankreich und Französisch mag ich …
_____
_____
_____
_____
_____
_____
_____
_____
_____

En classe

Pour faire les exercices du cahier

	Dossier	Übung	
une case	D1	5	ein Kästchen
ci-dessous	D4	8	untenstehend
Cochez …	D1	3b	Kreuzt … an.
convenir	D4	1	entsprechen
corriger	D5	8b	korrigieren
une couverture	D1	10a	ein Buchumschlag
une encyclopédie	D5	9a	ein Lexikon
exprimer	D2	9a	ausdrücken
un extraterrestre	C2	8	ein Außerirdischer
une fonction	D1	3a	eine Funktion
une formule de politesse	D4	5b	eine Höflichkeitsfloskel
un gardien	C1	2	ein Wächter
en italique	D1	2	kursiv
un mot marqué	C4	6	ein markiertes Wort
au moins	D1	8c	wenigstens
un ours brun	C2	7	ein Braunbär
entre parenthèses	D1	1	in Klammern
Pliez … en deux.	D1	6	Faltet … in der Mitte.
une réalité	D4	9b	eine Realität
Reconstituez …	D3	1a	Stellt … wieder her.
Remplacez …	D1	12b	Ersetzt …
une langue romane	D2	7	eine romanische Sprache
une subordonnée	D1	12b	ein Nebensatz
vivant	D5	4	lebendig

Solutions

Solutions des exercices «Auto-contrôle»

Dossier 1, Exercice 11: 1. après avoir flashé 2. sans se faire la tête 3. draguer 4. sans faire une victime 5. pour arrêter ces disputes 6. avant de parler avec lui 7. de vouloir plaire 8. à ne plus se disputer
Exercice 12a: 1. –. 2. En ouvrant le message, il pensait à la soirée qu'ils allaient passer ensemble. 3. Il a souri en se disant: «Je t'aime, Nathalie, chérie!
Exercice 12b: 1. Mais quand il a lu/pendant qu'il lisait le SMS, il ne pouvait pas en croire ses yeux. 2. «Cinéma pas possible! Quand elle a vu ma note de maths, maman m'a interdit de sortir! Nathalie». 3. Alors, Thomas s'est dit qu'il pourrait peut-être arranger les choses s'il passait chez elle. 4. Quand il a descendu l'escalier quatre à quatre, il ne savait pas encore …
Exercice 12c: quoi dire ni comment faire/que Nathalie venait de sortir avec un autre copain/que Nathalie venait de sortir avec sa meilleure copine.

Dossier 2, Exercice 11: 1. ait; devez; 2. soient; aient; 3. soit; 4. devez; fasse 5. dise 6. soit; trouviez 7. acceptez; allez être. **Exercice 12:** Fatima: 1. laissent; Naïma: 1. font; Fatima: 2. laissent; Naïma: 2. laissent; Fatima: 3. fait; Naïma: 3. laisse; Fatima: 4. fait; Naïma: 4. fait; Fatima: 5. font; laissent; Naïma: 5. –

Dossier 3, Exercice 11: 1. Le juge a dit qu'il savait que la vie en banlieue n'était pas facile. 2. Le juge a dit qu'il était sûr que nous avions fait beaucoup de bêtises. 3. Le juge a dit que s'il le voulait, il pourrait nous mettre en prison. 4. Le juge a demandé si nous n'avions jamais eu l'idée de changer de vie? 5. Le juge a dit que le «TIG» nous ferait du bien et qu'un éducateur du Centre social nous accompagnerait. 6. Le juge a demandé si nous avions compris que c'était notre dernière chance?
Exercice 12: 1. rêve 2. s'engageait 3. encouragerait 4. soyez 5. aurait gardé 6. devait 7. viendront 8. ferais 9. donnerai

Dossier 4, Exercice 11: 1. les tiens; Les miens 2. le tien; Le mien 3. la vôtre; La nôtre 4. Le vôtre; Le nôtre 5. Les tiens 6. les vôtres; Les nôtres 7. Le vôtre; le nôtre 8. Les tiens; les miens
Exercice 12: 1. je la lui ai écrite 2. je le lui ai déjà envoyé 3. je vais le lui envoyer 4. lui en demander 5. il n'en a pas parlé 6. nous en a parlé
Exercice 13: 1. ne m'en donne plus 2. donne-le-lui 3. passe-la-moi 4. montre-les-nous

Dossier 5, Exercice 10: 1. Je n'ai jamais joué dans un groupe. 2. Je ne joue ni de la flûte ni de la guitare. 3. Personne dans ma famille n'a cru qu'un jour, j'allais être connue. 4. Ni mon père ni ma mère ne m'ont aidée à devenir une star. 5. Il n'y a qu'une chose qui est importante dans la vie: … 6. Je n'aime ni le sport ni la montagne.

A la carte 1, Exercice 12: 1. Combien de jeans est-ce que tu as achetés hier? 2. Quelles chansons est-ce que tu as chantées à Paris? 3. Quel instrument est-ce que tu as déjà cassé? 4. Combien de CD de ton dernier album est-ce qu'on a vendus? 5. Quel film est-ce que tu as regardé à la télé hier soir? 6. Combien de lettres de candidature est-ce que tu as écrites?
Exercice 13: 1. En Suisse, on parle quatre langues. 2. En Grande-Bretagne, on roule à gauche. 3. Il est en colère parce qu'on lui a menti. 4. Cela ne se fait pas.
Exercice 14: 1. –. 2. C'est le jour de mon anniversaire que Marc m'a téléphoné. 3. C'est nous qui t'invitons à passer chez nous. 4. C'est une surprise qu'on veut te faire. 5. Ce sont/C'est Marie et Zoé qui ont eu cette idée. 6. C'est à vélo que je suis allé chez eux. 7. C'est à midi que j'y suis arrivé. 8. C'est dans leur cuisine que je suis tout de suite entré. 9. Quelle bonne surprise: c'est un cassoulet qu'ils étaient en train de préparer.
Exercice 15: 1. Hier matin, Mme Sellier est sortie. 2. Elle a sorti son vélo du garage et elle est descendue la rue Lafayette. 3. Elle est arrivée au marché. 4. Après, elle est rentrée. 5. Elle a monté ses affaires au cinquième étage. 6. Et là, devant sa porte, elle est tombée.

A la carte 2, Exercice 10a: 1. Une famille en vacances se promenant dans les Pyrénées s'est perdue en montagne. 2. Les parents ne connaissant pas la montagne étaient partis avec leurs enfants sans eau et sans carte. 3. Ne les voyant pas revenir, Luc Joubert, un petit copain des enfants, a alerté ses parents.
Exercice 10b: 1. Comme ils pensaient qu'il était peut-être arrivé quelque chose aux amis de leur fils, les parents de Luc ont appelé les pompiers. 2. Les pompiers ont très vite retrouvé la famille qui attendait les secours sur un chemin tout près du village. 3. Une heure après, Luc et ses copains qui étaient à nouveau ensemble faisaient des projets pour le lendemain.
Exercice 11: 1. seront tués 2. était habité; sont emmenés 3. sont conduits; ont été endormis 4. sont suivis 5. avait été annoncée 6. a été observée; était accompagnée

A la carte 3, Exercice 11: 1. autant 2. tant; 3. tant; 4. tant; autant

A la carte 4, Exercice 9:

1. Est-ce que les élèves allemands trouvent que six semaines de vacances suffisent?	Les élèves allemands trouvent-ils que six semaines de vacances suffisent?
2. Est-ce que ton copain/ta copine en profite pour gagner de l'argent?	Ton copain/ta copine en profite-il/profite-elle pour gagner de l'argent?
3. Pourquoi est-ce que tes parents ne veulent pas aller en France?	Pourquoi tes parents ne veulent-ils pas aller en France?
4. Est-ce que ta famille passera les vacances ensemble?	Ta famille passera-t-elle les vacances ensemble?

Exercice 10: 1. nous aurons fini 4. tu auras gagné 6. j'aurai réussi 7. ils auront vu

Révision du vocabulaire

 *Révisez votre vocabulaire à l'aide des filets à mots. Complétez-les.
Vous pouvez utiliser la liste des mots à la fin de votre livre ou aussi votre dictionnaire.*

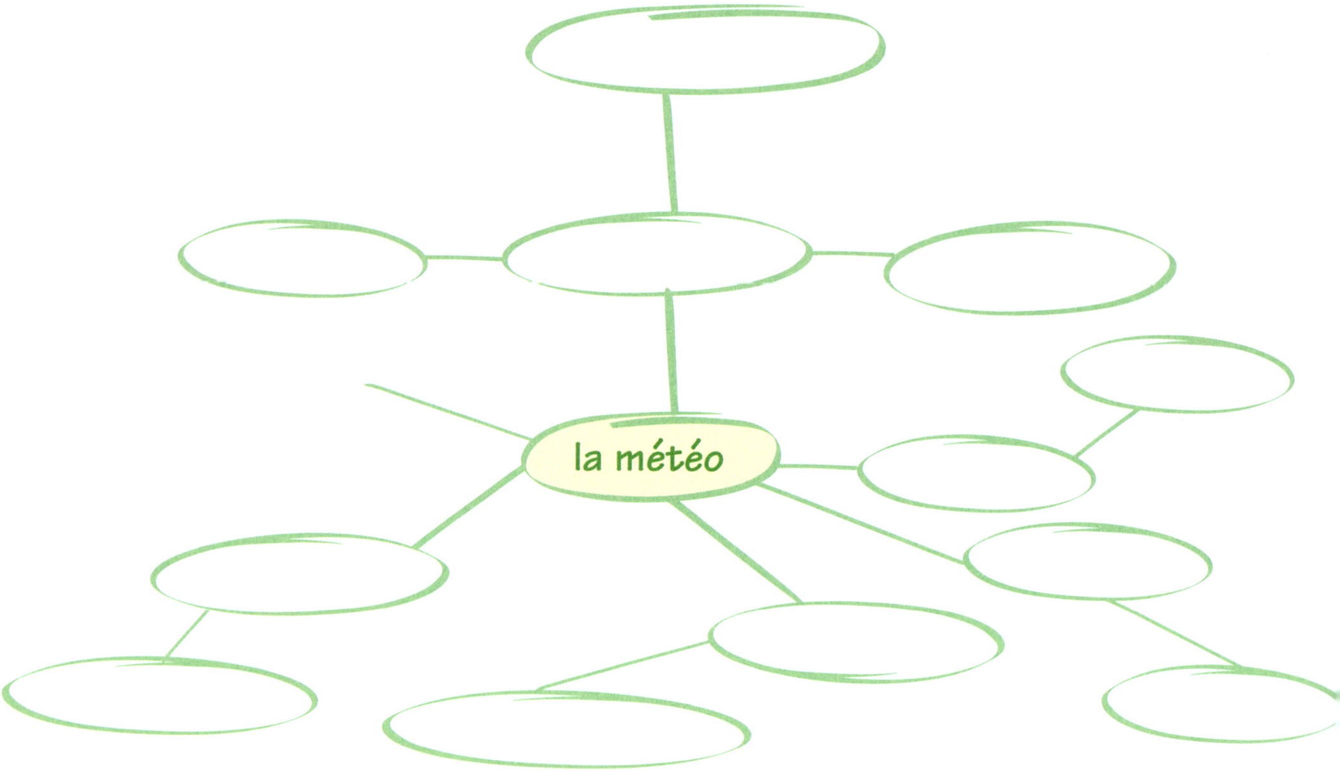

la météo

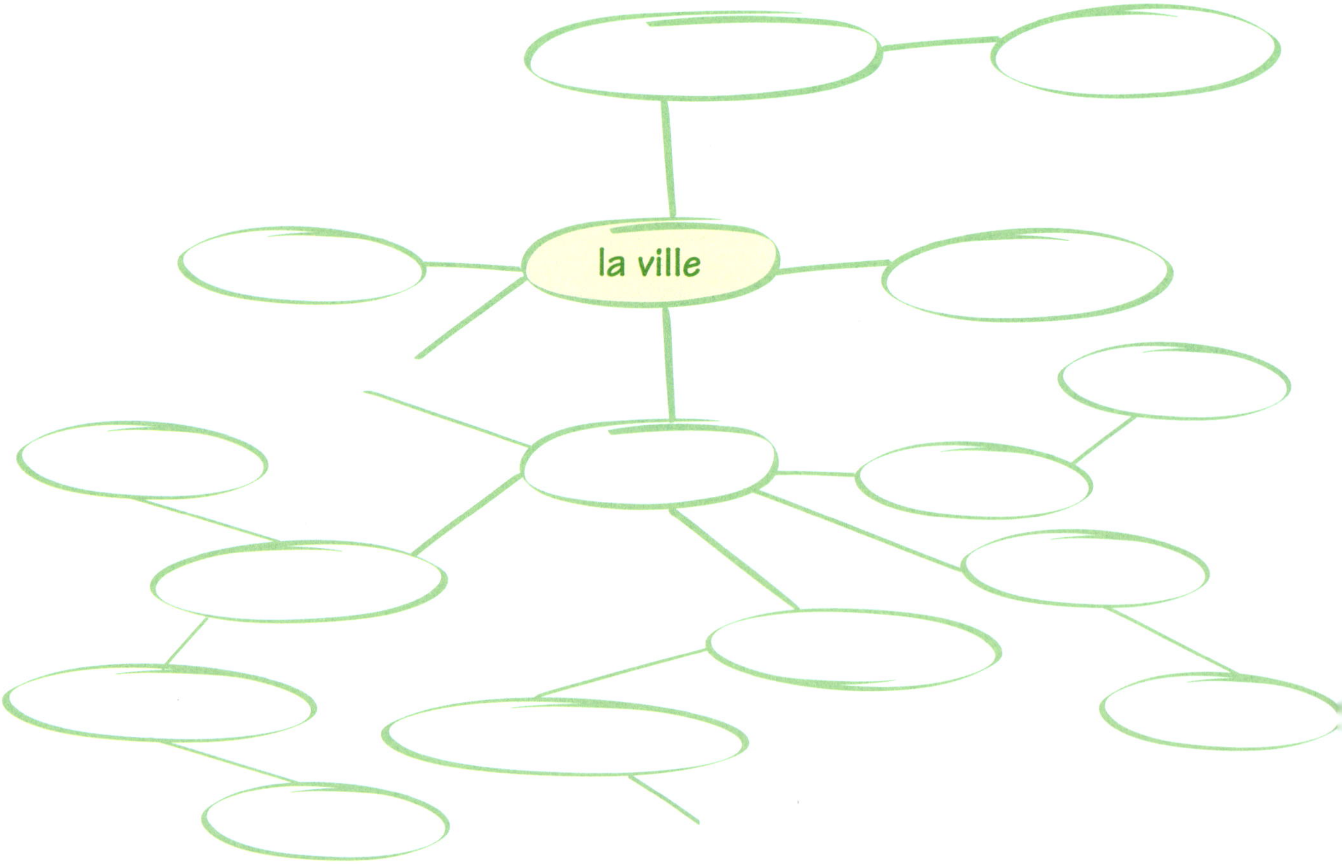

la ville

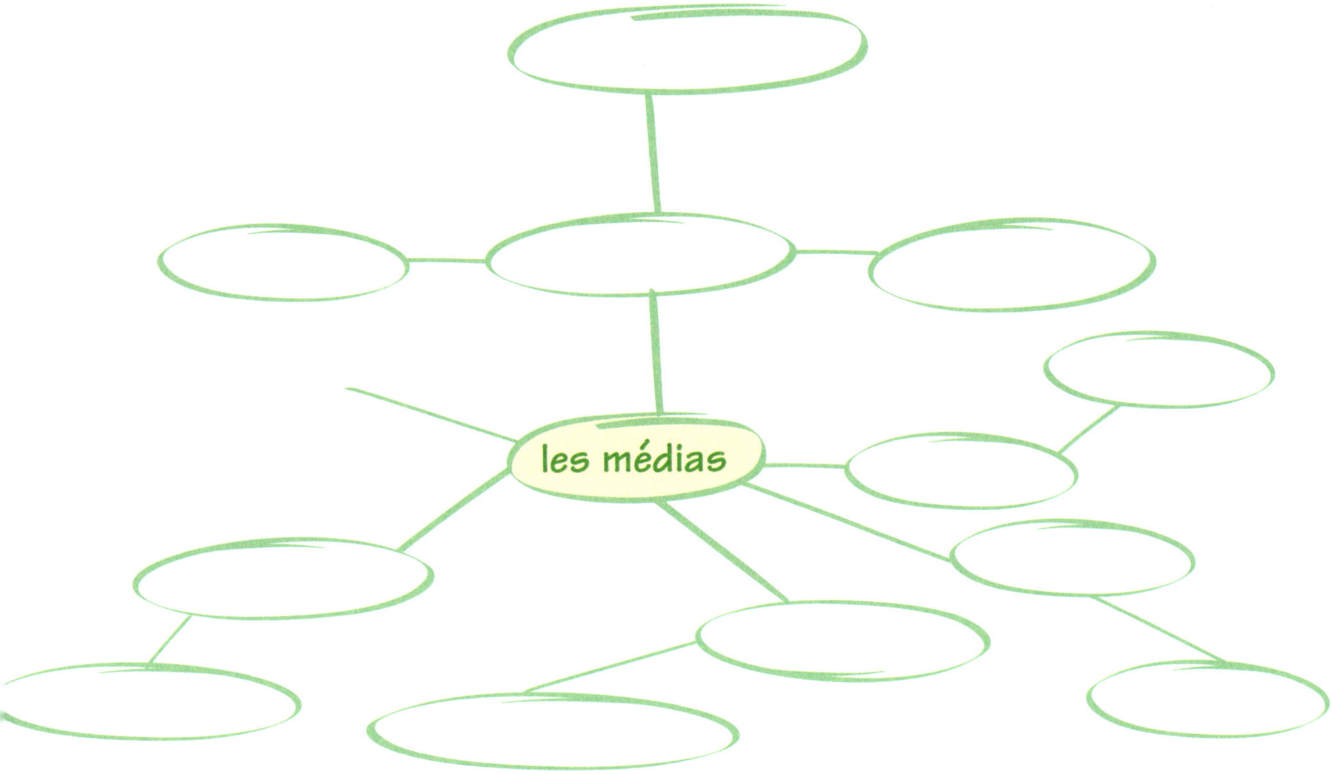

Révision du vocabulaire

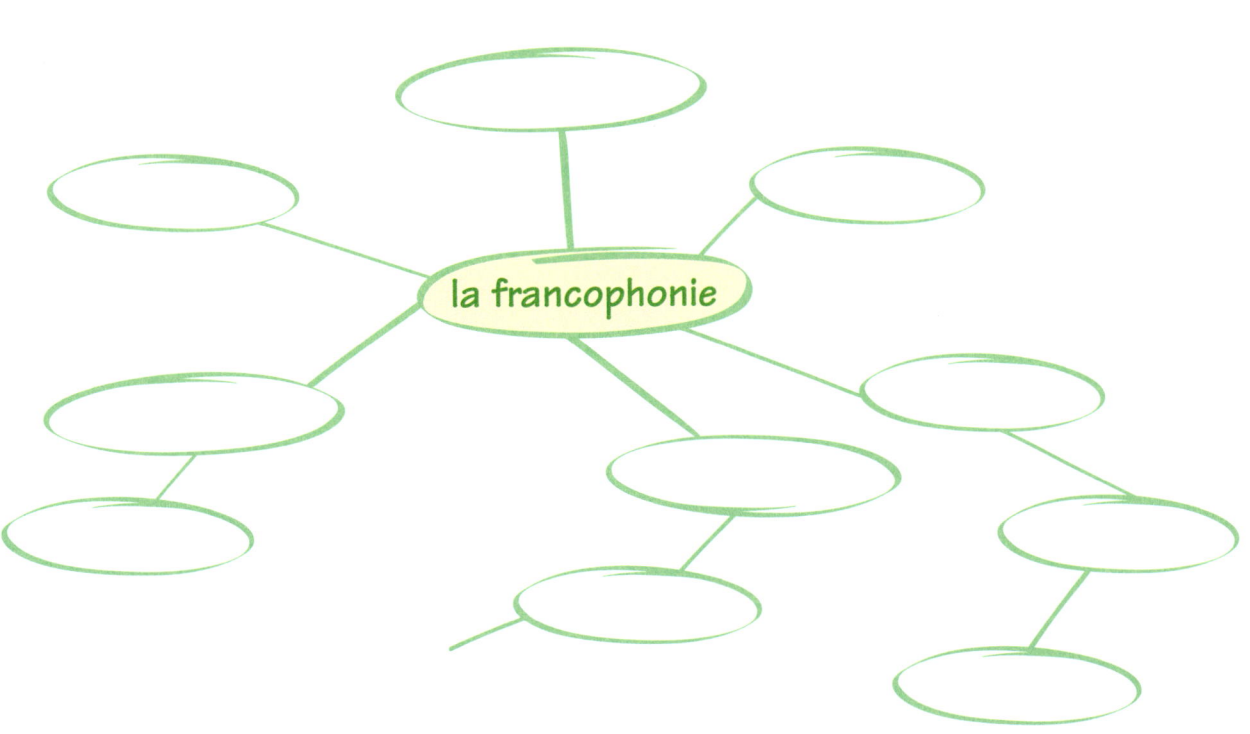

Bildquellen

Actes Sud, S. A., Arles: 68.1 – Action Press, Hamburg: (Gleichauf): 22.3 – AKG, Berlin: 79.1 – Alamy Images RM, Abingdon, Oxon: (Joe Tree) 16.1; (Sebastian Arnoldt) 70.2; (photocritic.org) 80.1 – Avenue Images GmbH, Hamburg: (Banana Stock) 47.1; (Banana Stock) 47.2; Einband; 81.1; 82.1; 82.3 – Bertin, Christophe, Besançon: 24.1; – Corbis, Düsseldorf: (Eric Robert) 23.1; (Stephane Klein Sygma) 26.1; (Atlantide/Borchi) 38.1; (RF) 60.1; (Hulton-Deutsch Collection) 60.2; (PATRICE LATRON) 62.3; 63.1; (Chris Hellier) 76.1 – DFJW-OFAJ,Paris: 32.3 – Editions Gallimard, Paris: 7.2; 37.4 – Editions Nathan,Paris: (Syros) 7.1 – Editions Sarbacane, Paris: 7.3; (Insa Sané) 9.1 – Fotolia LLC, New York: (Alain Rapoport) 61.2; (Danielle Bonardelle) 61.4; (raoulgalop) 74.1 – Fotosearch RF, Waukesha, WI: Einband; (Photodisc)11.1 – Getty Images, München: (AFP/NasserYounes) 25.1; (FETHI BELAID) 67.8 – Imago Stock & People, Berlin: (Herb Hardt) 59.1; (SMID); 61.6; (imagebroker) 61.7; (Kraft) 61.12; (Hoch Zwei/GN) 65.1 – Internet/Screenshot: Dupuis 2006 7.4; (Cartoonist Markyze) 65.2 – iStockphoto,Calgary, (RF/jez gunnell) Alberta: 55.2; (stefanphoto) 59.2 – (Ever) 61.3; (RF) 61.5 – JupiterImages, Tucson, AZ: (RF/photos.com) 31.1 – Klett-Archiv, Stuttgart: (Naudin) Einband; (Susanne Schauf) 10.1 – Kunst + Ideen Milo Innen Architektur, Salzburg: (Milo) 61.10 – L'Ecole des Loisirs, Paris: 64.1 – laif, Köln: (Gamma/Travers) 12.1; (Gamma) 12.2; (Gamma/Scorcelletti) 13.1; (Gamma/Catarina Eric) 12.3; (Hemispheres) 78.1 – Logo, Stuttgart: 39.1; 47.3; 50.1; 50.2; 50.3; 50.4; 62.1 – Magazine Parisberlin, Paris: 32.2 – Mauritius, Mittenwald: (Steve Vidler) 62.2 – MST Mülheimer Stadtmarketing und To, Mülheim an der Ruhr:14.1 – Picture-Alliance, Frankfurt: (Francis Apesteguy) 61.1 – (STEPHANE LARTIGUE) 61.11 – picturemaxx.net RF, München: (defd) (RF/Ekaterina Shlikhunova) 39.2 – Play Bac Presse, Paris: (Illustration: Gilbert Macé 56.1) – shutterstock, New York, NY: 22.1; (RF/patrimonio) 22.4 (salamanderman) 61.8; (Jorge Felix Costa) 61.9 – Sipa Press, Paris: (Maisonneuve) 8.1; (Moctar) 18.1 – Weyershausen, Karsten, Braunschweig: 65.3 – Wikimedia Foundation Inc., St. Petersburg FL: 22.2

Bedauerlicherweise konnten wir trotz aller Bemühungen nicht alle Nutzungsberechtigten ausfindig machen.